U0884156

21世纪高等院校经济学规划教材

政治经济学

Political Economics

（第四版）

刘美平 主 编
高殿国 于 颖 王 娟 副主编

东北财经大学出版社
Dongbei University of Finance & Economics Press
大 连

图书在版编目（CIP）数据

政治经济学 / 刘美平主编. —4版. —大连：东北财经大学出版社，2018.9
（21世纪高等院校经济学规划教材）
ISBN 978-7-5654-3272-9

Ⅰ. 政… Ⅱ. 刘… Ⅲ. 政治经济学-高等学校-教材 Ⅳ.F0

中国版本图书馆CIP数据核字（2018）第176088号

东北财经大学出版社出版
（大连市黑石礁尖山街217号 邮政编码 116025）
网 址：http://www.dufep.cn
读者信箱：dufep@dufe.edu.cn
大连市东晟印刷有限公司印刷 东北财经大学出版社发行

幅面尺寸：170mm×240mm 字数：200千字 印张：12.75
2018年9月第4版 2018年9月第8次印刷

责任编辑：蔡 丽 责任校对：蓝 海
封面设计：张智波 版式设计：钟福建

定价：30.00元

教学支持 售后服务 联系电话：（0411）84710309

如有印装质量问题，请联系营销部：（0411）84710711

作者简介

刘美平

河南财经政法大学经济学院副院长，教授，经济学博士，硕士生导师。承担国家社会科学基金项目3项；主持完成省部级项目7项，河南省哲学社会科学重大项目2项、厅级项目5项；出版学术著作10部；在《马克思主义研究》《改革》《当代经济研究》等学术刊物上发表论文50余篇；获得河南省社会科学优秀成果奖一等奖1项、三等奖2项，获得河南省人文社会科学研究成果奖一等奖5项、二等奖多项；河南省优秀专家，河南省宣传思想文化战线“四个一批”人才，河南省优秀青年社科专家，河南省“十八大精神”优秀宣讲队员，河南省百名优秀社科理论人才，河南省科技创新人才，河南省高校优秀共产党员，河南省优秀青年骨干教师，河南省教育厅学术技术带头人；兼任中国经济规律研究会常务理事、中国宏观经济管理教育学会常务理事、中国工业经济学会理事、河南电视台和河南人民广播电台特约顾问、河南省黑龙江商会常务理事等职。

↘第四版前言

政治经济学资本主义部分是马克思《资本论》的浓缩，政治经济学社会主义部分是中国特色社会主义市场经济理论的基础，二者结合起来，既是马克思主义理论成果，又是当代中国马克思主义政治经济学理论成果。这部分理论成果博大精深，学生很难在一学期完全掌握。本教材尽量精简内容，使读者易学易懂，学习和贯彻习近平新时代中国特色社会主义思想，吸收前辈和同行教材的精华及经验，立足中国特色社会主义市场经济改革实践的基础。

由于“毛泽东思想和中国特色社会主义理论体系概论”是本科学生的必修课，为避免《政治经济学》教材与概论教材的重复，本教材的社会主义部分只写了三章内容，并且尽量减少与概论教材相同的部分。全书共分两篇：资本主义部分和社会主义部分。第一章“导论”主要说明政治经济学的产生、研究对象、性质和学习政治经济学的意义。资本主义部分有五章：第二章“商品和货币”，阐述了商品经济的基本原理和商品经济的基本规律——价值规律等。第三章、第四章、第五章分别阐释剩余价值的生产、实现和分割，揭示了资本主义经济运行的规律和发展趋势，阐明资本主义经济的基本原理。第六章“国家垄断资本主义的演化”，详细分析了从自由竞争向垄断过渡后国家垄断资本主义的性质和作用，以及资本主义的未来发展等。社会主义部分有三章：第七章到第九章分别是“社会主义经济制度”“社会主义经济运行”“社会主义经济发展”，考查了社会主义的基本经济制度、社会主义市场经济、社会主义收入分配、中国二元经济发展、经济全球化与对外开放等，阐述了社会主义市场经济的基本理论问题。为了便于学习，本教材各章后面都设置了复习思考题。

参与本教材编写的都是具有政治经济学专业学习背景或正在从事政治经济学教学的高校教师。其中，刘美平编写第一章，冯蕾编写第三章，王娟、崔艳萍编写第二章、第四章和第九章，赫名超编写第五章和第六章，高殿国编写第七章和第八章，于颖负责第二至五章的统稿工作，刘美平负责第六至九章的统稿工作，最后由刘美平对全书进行总纂定稿。王彦龙、刘辉、王一和赵展参与了教材书稿的校对工作。

十九大报告指出，我国经济已由高速增长阶段转向高质量发展阶段。这是对中国经济发展阶段的新判断。根据这一新判断，我国经济发展的目标和任务都发生了相应变化。就经济发展目标而言，建设现代化经济体系是我国经济发展的新目标；就经济发展任务而言，我国要以供给侧结构性改革为主线，推动经济发展质量变革、效率变革、动力变革。现代化经济体系既包括由实体经济、科技创新、现代金融、人力资源协同发展的产业体系，还包括有效的市场机制、有活力的微观主体、有力度的宏观调控组成的经济体制。

根据党的十九大报告内容，本教材进行了第四版修订工作。第四版在资本主义部分新增了第六章的第三节，介绍了资本主义经济危机的新变化、新趋势方面的内容；在社会主义部分增添了习近平新时代中国特色社会主义经济思想的内容，在“对外开放”部分新增“一带一路”倡议，在经济增长方式部分增添了高质量发展和建设现代化经济体系等内容。

本教材的再版，离不开读者的支持，在此，向所有使用本教材的教师和同学表示最衷心的感谢！也希望你们提出更多的宝贵意见或建议。本教材的出版，得到了东北财经大学出版社领导和编辑的专业支持，在此向他们致以深深的敬意和谢忱！东北财经大学出版社非常重视马克思主义经济学图书的出版，这不仅有利于推动高校师生对政治经济学的学习，还有利于我们认识经济运行过程、把握社会经济发展规律和提高驾驭社会主义市场经济的能力，这是新时期夯实高校马克思主义意识形态教育的基础，是高度重视中国共产党马克思主义理论信仰的实际行动。我们为东北财经大学出版社的行动点赞！

由于时间紧迫，本书仍难免有不当之处，谨请经济学界同仁和读者批评指正。

编　者

2018年6月

↘目 录

第一章　导　论　/1
第一节　政治经济学的产生与发展　/1
第二节　政治经济学的研究对象与范围　/4
第三节　政治经济学的性质与意义　/8
复习思考题　/10

第一篇　资本主义部分

第二章　商品和货币　/12
第一节　商品经济的产生与发展　/12
第二节　商　品　/16
第三节　货币的起源与发展　/24
复习思考题　/35

第三章　剩余价值的生产　/36
第一节　货币转化为资本　/36
第二节　剩余价值的源泉　/42
第三节　工资概述　/52
复习思考题　/58

第四章　剩余价值的实现　/60
第一节　资本的流通过程　/60
第二节　剩余价值的实现条件　/67
复习思考题　/74

第五章　剩余价值的分割　/76
第一节　产业资本与利润　/76

第二节 商业资本与利润 /84
第三节 借贷资本与利息 /88
第四节 银行资本与利润 /91
第五节 虚拟资本 /94
第六节 土地所有制与地租 /98
复习思考题 /105

第六章 国家垄断资本主义的演化 /106
第一节 自由竞争资本主义向垄断资本主义的转变 /106
第二节 国家垄断资本主义 /113
第三节 资本主义经济危机 /119
第四节 资本主义经济制度的历史过渡性 /123
复习思考题 /128

第二篇 社会主义部分

第七章 社会主义经济制度 /130
第一节 社会主义经济制度的建立与社会主义初级阶段 /130
第二节 社会主义初级阶段的分配 /150
复习思考题 /155

第八章 社会主义经济运行 /156
第一节 社会主义微观经济运行 /156
第二节 社会主义宏观经济运行 /161
复习思考题 /169

第九章 社会主义经济发展 /170
第一节 经济发展方式 /170
第二节 经济结构优化 /179
第三节 经济全球化与对外开放 /185
复习思考题 /193

主要参考文献 /194

[第一章]

导 论

马克思主义政治经济学是马克思主义的重要组成部分，也是马克思理论的“最深刻、最全面、最详尽的证明和运用”，其基本理论、基本方法对社会主义市场经济的建立和完善具有重大指导意义。

第一节 政治经济学的产生与发展

一、经济与经济学

“经济”二字连用，在我国古代典籍中是作为“经邦济世”“经世济民”，即治理国家、拯救人民的意思出现的。而在西方文献中，最早使用“经济”一词的是古希腊思想家色诺芬，他在著作《经济论》中，用“经济”概括奴隶主组织和管理奴隶的活动，即家庭管理或家政管理。后来在法语中“经济”的含义扩展为管理国家事务。直到19世纪，现代含义的“经济”才由日本学者在翻译西方著作中的“economy”时出现，即经济活动包括生产、分配、交换和消费等。

经济学是当时社会经济思想系统化的反映，是在社会生产力以及社会科学文化普遍发展的基础上产生的。经济学的出现是奴隶社会产生以后的事情。

二、经济思想的产生

任何经济思想和理论的产生与发展都来自于人类社会历史实践活动的客观要求。奴隶制在其产生初期曾加速了生产力的发展，并在残酷奴役奴隶的基础上发展了人类文化，因此反映奴隶主阶级利益的经济思想也开始产生。色诺芬在他的《经济论》中论述了主人如何管理好自己的财产以及农业等问题。此后古希腊杰出的思想家亚里士多德在其《政治学》一书中首次探讨了经济学的研究对象和任务，区分了“家庭管理”与“货殖”这两种生财方式，并在有关“货殖”的论述中，提出了关于商品交换中的等价交换原则和价值形态等天才的见解。历史发展到封建社会，当时欧洲的全部精神生活为僧侣所控制，并表现为宗教的经院哲学形式，因此，中世纪的经济思想常常是神学论著中的一个独特部分。

虽然早在奴隶社会和封建社会经济学原理就被一些思想家所重视，一些重要的经济过程在色诺芬、柏拉图、亚里士多德等古希腊学者的著作中出现，但受当时社会实践条件等因素的影响，这些经济思想发展还非常缓慢，并且是零星出现的，还没有形成一门独立、统一的科学。

三、政治经济学的形成与演变

政治经济学作为一门独立的社会科学，是伴随着资本主义生产方式产生与发展而逐渐形成的。“政治经济学”一词最早出现在17世纪初期，由法国重商主义代表人物A. 蒙克莱田在1615年出版的《献给国王和王太后的政治经济学》著作中首次使用。重商主义产生于15世纪的西欧，它对资本主义生产方式做了最初的理论考察，但这种考察仅限于流通领域，没有对资本主义生产方式做出科学的说明。因此它只是为经济学说发展成为一门独立的科学准备了条件。马克思指出：“真正的现代经济科学，只是当理论研究从流通过程转向生产过程的时候才开始。”①

17世纪中叶，资本主义进入工场手工业时期，重商主义也让位于资产阶级古典政治经济学，政治经济学真正开始成为一门独立的科学。在英国，古典政治经济学从威廉·配第开始，经过亚当·斯密的发展，到李嘉图结束。在法国，古典政治经济学从布阿吉尔贝尔开始，经过以弗·魁奈为代表的重农学派的发展，到西斯蒙第结束。古典政治经济学家处于资本主义上升时期，所以，他们能够阐明当时资本主义经济现象

---

① 马克思，恩格斯. 马克思恩格斯全集：第25卷［M］. 中共中央马克思恩格斯列宁斯大林著作编译局，译. 北京：人民出版社，1972：367.

的某些内在联系，在经济学说史上第一次把经济理论的考察从流通领域转向生产领域，并对资本主义生产关系的内部联系做了一些科学的分析。

19世纪30年代，资产阶级政治经济学不断偏离古典政治经济学的原有基础，其主要代表人物——法国的萨伊、英国的马尔萨斯和詹姆斯·穆勒等抛开其科学因素，继承并发展其中的庸俗成分，着重于经济生活现象的描述和制度辩护。同时在这一时期，还出现了以圣西门、傅立叶、欧文为代表的空想社会主义者的经济学说，在对资本主义的尖锐批判中提出了许多有价值的进步性见解。无论是资产阶级古典政治经济学还是空想社会主义，都在关于社会经济问题的研究方面取得了某些成就，但并未建立起科学的政治经济学体系和方法。

19世纪40年代，西欧一些主要资本主义国家的产业革命发展和完成，资本主义的矛盾激化起来，无产阶级已经作为独立的政治力量登上了历史舞台，发起了反对资产阶级的革命斗争。在这种条件下，马克思运用辩证历史唯物主义，批判地吸收了古典政治经济学以及空想社会主义的科学成分，创立了工人阶级的“圣经”——马克思主义政治经济学，其科学体系的最终建立以马克思的伟大著作《资本论》的完成为标志。

马克思主义政治经济学创立以后，马克思、恩格斯根据随后社会经济发展的情况以及科学研究的进展不断丰富和发展自己的理论。马克思、恩格斯逝世后，他们所创立的政治经济学又为后来的马克思主义者如列宁、毛泽东、邓小平等所继承、坚持、发展、创新。列宁指出：“马克思主义绝不是离开世界文明大道而产生的故步自封、僵化不变的学说。恰恰相反，马克思的全部天才正在于他回答了人类先进思想已经提出的种种问题。”[①]马克思主义政治经济学的精髓是观察与分析错综复杂的经济现象的世界观、基本原理和方法论，而不是某些结论。它作为一种科学的理论，没有也不可能穷尽政治经济学的一切科学真理，更不可能提供解决一切问题的现成答案。对于不同时代的不同问题，我们可以利用马克思主义政治经济学提供的科学世界观、基本原理、方法论加以分析和解决，这本身就是对马克思主义政治经济学的丰富和发展。

---

① 列宁．列宁选集：第2卷［M］．中共中央马克思恩格斯列宁斯大林著作编译局，译．北京：人民出版社，1972：441.

第二节　政治经济学的研究对象与范围

一、社会生产是生产力与生产关系的统一

（一）物质资料生产

马克思说："面前的对象，首先是物质生产。"[①]人类要生活，需要食物、衣服、房屋等物质生活资料，就必须进行物质资料的生产；如果生产停止了，人类就无法生活，社会就要灭亡。物质资料生产是人类社会存在和发展的基础，因此政治经济学研究的出发点就是物质资料生产。

物质资料生产是指劳动者按照预定的目的，运用劳动资料作用于劳动对象，使其发生变化以满足人们需要的社会经济活动。物质资料生产的劳动过程必须具备三个基本要素：人的劳动、劳动对象和劳动资料。

1.人的劳动

人的**劳动**是指具有一定经验和劳动技能的劳动者，耗费自身的体力与脑力改变自然物使之适合人类需要的有目的的活动。人的劳动就是劳动力的支出。人的劳动与动物的本能活动有着本质的区别。"最蹩脚的建筑师从一开始就比最灵巧的蜜蜂更高明的地方，是他在用蜂蜡建筑蜂房以前，已经在自己的头脑中把它建成了。"[②]

2.劳动对象

人们进行劳动，必须要有劳动对象，**劳动对象**是指劳动加工于其上的一切物质资料。劳动对象有两类：一类是未经人的加工但已纳入生产过程的自然物，如原始森林的树木、地下矿藏等。另一类是经过人的劳动加工过的物质资料，如生产家具用的木材、冶金用的矿石等，这部分通常被叫作原料或原材料。随着科学技术的发展，劳动对象的范围不断扩大，不仅越来越多的自然物被当作劳动对象，而且新的原材料也不断出现，如被称为"魔石"的硅、砷化镓，还有纳米材料等。

3.劳动资料

任何生产活动都不可缺少劳动资料。**劳动资料**也叫劳动手段，是指人

---

① 马克思，恩格斯．马克思恩格斯选集：第2卷［M］．中共中央马克思恩格斯列宁斯大林著作编译局，译．北京：人民出版社，1972：86.

② 马克思，恩格斯．马克思恩格斯全集：第23卷［M］．中共中央马克思恩格斯列宁斯大林著作编译局，译．北京：人民出版社，1972：202.

们用来影响和改变劳动对象的一切物质手段和物质条件，包括生产工具、生产用容器，以及土地、厂房、道路等，其中，最重要的是生产工具。马克思说："各种经济时代的区别，不在于生产什么，而在于怎样生产，用什么劳动资料生产。"[①]人类由石器时代到青铜时代，再到铁器时代，由手工工具阶段发展到普通机器体系阶段，再发展到自动化机器体系阶段，既表现为生产工具的发展和进步，也表现为人类征服自然的物质力量的发展和进步。

生产过程就是生产的以上三个要素相结合并发生作用的过程：人的劳动是生产的主观因素，起主导作用；劳动对象和劳动资料统称为**生产资料**，是生产的物质条件。

（二）生产力与生产关系

社会生产包括不可分割的两方面关系：

一方面，人与自然界发生的关系被称为**生产力**，它表示人们改造自然和征服自然的能力，由劳动者和生产资料构成。这两个因素都同一定的科学技术有密切联系。劳动者的科学技术知识越丰富，劳动技能就越高。科学技术越发展，劳动工具就越先进，劳动对象的数量和质量也会提升。特别是走向知识经济时代的今天，科学技术是第一生产力，但是科学技术都是通过影响生产力中的劳动者和生产资料来发挥作用的，所以它并不能成为生产力一个独立的实体性要素。

另一方面，人与人之间在生产过程中发生社会关系被称为**生产关系**。它包括三方面：生产资料的所有制形式；人们在直接生产过程和交换过程中所处的地位和关系；产品的分配关系。其中，生产资料所有制是整个生产关系的基础，它决定着生产关系中的其他方面。

生产力和生产关系的辩证统一，构成社会的**生产方式**。在社会生产中，生产力是生产的物质内容，生产关系则是生产的社会形式。社会生产的这两个方面之间存在必然的有机联系，即生产力决定生产关系，生产关系又作用于生产力。

生产力决定生产关系，这种决定作用表现在两个方面：一是生产力的性质决定生产关系的性质。有什么样的生产力就需要有什么样的生产关系

---

① 马克思，恩格斯．马克思恩格斯全集：第23卷［M］．中共中央马克思恩格斯列宁斯大林著作编译局，译．北京：人民出版社，1972：204．

与之相适应；二是生产力的发展变化决定生产关系的发展变化。人类社会生产关系的阶段性更替，即由原始社会、奴隶社会、封建社会、资本主义社会到社会主义社会以及达到未来的共产主义社会，归根到底是由生产力的发展决定的，生产关系的调整和变革是生产力发展客观要求的反映。正如马克思指出的那样：手推磨产生的是以封建主为首的社会，蒸汽机产生的是以工业资本家为首的社会。①

生产关系反作用于生产力，这种反作用表现在：

一方面，当生产关系适应生产力的发展要求时，生产关系就能有效促进生产力的发展；

另一方面，当生产关系不适应生产力的发展要求时，生产关系就阻碍生产力的进一步发展，无论这种生产关系是落后的还是超前的。

生产关系一定要适应生产力的发展状况，是人类社会发展的客观规律。生产关系与生产力的矛盾运动是推动人类社会发展的根本动力。当然，生产关系一定要适应生产力状况这一规律的作用，并不是任何时候都能顺利实现的。生产关系作为一种物质利益关系，要变革它必然会引起既得利益者的抵制和反对。在存在阶级对抗的社会里，代表落后生产关系的统治阶级为了维护其阶级利益，总是拼命维护旧的生产关系。此时，只有代表生产力发展要求的先进阶级自觉地行动，通过阶级斗争和社会革命，变革旧的生产关系，才能建立和发展新的生产关系，为生产力迅速发展扫清障碍。

生产关系实际上是人们的物质利益关系，生产关系的总和构成了社会的**经济基础**。在这个经济基础之上，建立起来的法律制度以及与它相适应的政治、哲学、宗教、艺术等意识形态，被统称为**上层建筑**。经济基础和上层建筑的矛盾是制约社会生产方式发展的重要因素。经济基础决定上层建筑，而上层建筑对经济基础也有反作用。

生产力和生产关系都是政治经济学研究的重要内容。目前关于政治经济学的研究对象，国内存在多种观点。一种观点认为，政治经济学是关于生产关系的科学。另一种观点认为，政治经济学是关于生产力的科学。还有一种观点认为，政治经济学研究的是生产方式，即生产力与生产关系的统一。其实，马克思在《资本论》德文第一版序言中就已经明确规定了

① 马克思，恩格斯．马克思恩格斯选集：第1卷［M］．中共中央马克思恩格斯列宁斯大林著作编译局，译．北京：人民出版社，1995：108.

《资本论》的研究对象："我要在本书研究的，是资本主义生产方式以及和它相适应的生产关系和交换关系。"[①]从马克思的上述规定中可以看出：首先，社会生产是生产力和生产关系的统一，所以政治经济学在重点考察生产关系的同时要联系生产力，二者的统一即生产方式是政治经济学的研究对象。其次，政治经济学不是一般地研究生产力，也不是研究生产的工艺，而是研究制约生产关系发展的生产力。

二、社会生产和再生产的总过程

生产关系首先是在直接生产过程中人们结成的相互关系，这是狭义的生产关系。但是，生产关系并不仅仅局限于这个范围，因为物质资料生产过程是指社会生产的总过程，它不是孤立、简单的一次性生产过程，而是在整个社会范围内不断连续、重复的再生产过程。社会再生产的总过程包括生产（直接生产过程）、分配、交换、消费四个相互联系的环节，因此政治经济学所研究的生产关系，就是人们在社会再生产总过程中所形成的生产、分配、交换、消费方面的经济关系的总和。

生产、分配、交换、消费作为社会再生产总过程内部的四个环节，它们存在相互联系和相互制约的辩证关系。在这个辩证关系中，生产居于首要地位，起主导的决定性作用，一定的生产决定着一定的分配、交换和消费。这主要表现在：

第一，生产决定着分配、交换和消费的对象，只有通过生产过程才能为分配、交换和消费提供必需的物质材料。

第二，生产决定分配、交换和消费的水平和结构。分配、交换和消费所能达到的水平和规模，以及它们所需物质资料的品种、质量、规格，都是由生产提供的。

第三，生产决定分配、交换和消费的具体方式。比如，社会成员按什么方式分配他们在社会产品中所得到的份额，是由他们参与生产的方式决定的。

当然，分配、交换和消费也不是消极、被动地由生产所决定，它们又积极影响和反作用于生产，促进或制约着生产的发展。这种反作用体现在：

---

① 马克思．资本论：第1卷［M］．中共中央马克思恩格斯列宁斯大林著作编译局，译．北京：人民出版社，2004：8.

第一，分配对生产的反作用表现为适应生产发展的分配方式，能够调动生产者的积极性，促进生产的发展；反之就阻碍生产的发展。

第二，交换对生产的反作用表现在随着交换的发展，特别是在商品经济条件下市场交换的扩大，能够有力推动生产的发展；反之，则会使生产发展遇到困难。

第三，消费对生产的反作用表现为，生产过程生产出来的产品只有通过消费满足了人们的某种需求，使产品的功能得到实现，生产方能继续进行。同时，消费需求的增长，还为生产的进一步发展创造动力；反之，则会不利于生产的发展。

总之，政治经济学是从社会生产和再生产的总过程的各个环节来说明生产关系内在的一般关系的。

第三节 政治经济学的性质与意义

一、政治经济学的性质

政治经济学是一门具有强烈阶级性的科学，这是由其研究对象的特殊性质所决定的。作为政治经济学研究对象的生产关系即人与人之间的物质利益关系，在阶级社会中表现为阶级关系。研究生产关系问题必然触及各阶级的切身利益。代表不同阶级利益的经济学家对生产关系进行研究，总是持有不同解释，为各自的阶级利益服务。因此，不同的阶级有不同的政治经济学，不存在超阶级的政治经济学。资产阶级和小资产阶级政治经济学都不敢公开承认是为本阶级利益服务的，马克思主义政治经济学却敢于公开申明是代表无产阶级利益的，是为无产阶级服务的，因此具有鲜明的无产阶级的阶级性。

马克思主义政治经济学的科学性，在于它是从实践出发，正确而深刻地揭示了社会经济活动的本质和规律，并为社会实践证明了它的科学性。在马克思、恩格斯生活的那个时代，资本主义生产关系已经有了长足发展，资本主义生产方式的特征、矛盾已经不断显现，无产阶级作为独立的政治力量开始登上历史舞台。正是在这样的历史背景下，马克思、恩格斯坚决地站在无产阶级的立场上，形成了他们科学的世界观和方法论，从而具备了按照客观世界的本来面目揭示其规律的主观条件，为他们科学学说的形成打下了良好的基础。而资本主义在当时和以后的发展也证实了马克思主义政治经济学的科学性。

马克思主义政治经济学是阶级性和科学性的高度统一，这是由无产阶级的阶级本质决定的。无产阶级是最富有革命性、最大公无私和最有前途的阶级，它是先进生产力和生产关系的代表，无产阶级的阶级利益同广大劳动人民的根本利益是完全一致的，是同社会经济发展的客观规律所指引的方向完全一致的，因此它不但没有掺杂任何私利或偏见去阻碍它正确认识和解释社会经济发展的客观规律，而且它的阶级利益要求它必须以科学的态度去探讨、认识和反映社会经济发展的客观规律，这既是由无产阶级的阶级本性决定的，也是实现无产阶级的利益和历史使命的前提。它的理论越是符合客观经济规律，就越有利于本阶级的利益和历史使命的实现。因此，只有坚持无产阶级的阶级性，才有真正的科学性；只有坚持科学性，才有鲜明的无产阶级的阶级性。

二、政治经济学的意义

马克思主义政治经济学具有重要的理论和实践意义。

首先，学习马克思主义政治经济学有利于我们认识社会历史发展的必然趋势，坚定社会主义理想信念和树立共产主义的世界观。马克思主义政治经济学揭示了人类社会经济发展运动的客观规律，从而科学地阐明了人类社会从低级形态向高级形态发展的历史进程，从生产力和生产关系的矛盾运动中，预见出必将实现的共产主义远景。因此，学习马克思主义政治经济学能够使我们深入了解社会经济发展变化的客观规律性、人类社会历史发展的必然趋势，从而坚定社会主义理想信念，树立为实现共产主义而奋斗的世界观。

其次，学习马克思主义政治经济学有利于我们认识经济运动过程的规律性，正确制定和执行社会主义建设和改革开放的方针及政策。人们为了使自己的经济活动达到预期的目的，必须使自己的经济活动符合客观经济规律的要求。在社会主义经济建设中，只有在认识和掌握客观经济规律的基础上，按照客观经济规律的要求办事，才能避免盲目性和主观片面性，进而增强自觉性。学习马克思主义政治经济学能够使我们认识社会主义市场经济运动的客观规律，有利于我们自觉地制定和执行反映经济规律要求的路线、方针和政策，增强贯彻执行党的基本路线的自觉性和坚定性，发展和完善社会主义制度，深化经济体制改革，促进对外开放，建设有中国特色的社会主义。

最后，学习马克思主义政治经济学有利于我们完整、准确地掌握马克思主义理论，增强捍卫和发展马克思主义的自觉性。政治经济学是马克思主义的重要组成部分，最深刻、最详尽地证明和运用了辩证唯物主义与历史唯物主义，有利于我们掌握马克思主义的立场、观点和方法，完整地和准确地掌握马克思主义理论，增强识别真假马克思主义的能力，防止各种错误的思想倾向。学习马克思主义政治经济学也有利于我们运用马克思主义的基本理论和方法，结合我国的实际情况，有创造性地研究新情况，解决新问题，探索和开辟我国改革开放的新道路，在实践中丰富和发展马克思主义理论。

复习思考题

1. 学习政治经济学的意义是什么？

2. 简述社会生产和再生产的总过程。

第一篇

资本主义部分

[第二章]

商品和货币

商品经济关系是资本主义经济关系的历史起点。本章通过对商品经济与市场经济的关系的分析，特别是对商品和货币的剖析，阐明马克思劳动价值论和货币理论，为学习和掌握剩余价值理论以及剩余价值分配理论等打下理论基础。

第一节　商品经济的产生与发展

一、商品经济与自然经济

（一）自然经济

自然经济是与较低的社会生产力发展水平相适应，以自然分工为基础，以自给自足为特征的经济形式。它存在于原始社会、奴隶社会和封建社会，并居于统治地位。在自然经济中，几乎全部生产都是在生产单位内部进行的，每个生产者都利用自己的生产资料和劳动力以及其他生产条件生产出满足生产者自身需要的全部产品。虽然也会存在生产者将产品供给别人的情况，如农民向地主缴纳实物地租，但那不是产品交换，是产品分配。自然经济虽然在不同的社会形态中有不同的表现形式，但作为一种经济活动形式，自然经济的基本特征是：①自给自足的经济。自然经济中社会劳动产品绝大部分都是为了满足自然经济单位内部的直接生活需要而生产的。②封闭、保守型的经济。在自然经济条件下，人们的经济活动局限于一个狭小的范围，无论是氏族部落共同体、奴隶主庄园或封建主庄园，还是农民家庭，都是一个自成体系的封闭式的经济单位，处于分散、孤立、保守的状态。

（二）商品经济

商品经济是商品生产、商品交换以及货币流通的统称，是一种直接以交换为目的的经济形式。商品经济产生的条件有两个：一是社会分工；二是不同生产资料和劳动产品属于不同所有者。

社会分工，即各种社会劳动划分和独立化为不同的行业或部门。随着社会生产力的发展，出现了各行各业，各个生产者专门从事某种产品的生产，使得生产者或经济单位之间在生产和生活上相互联系、相互依存，彼此需要对方的产品作为生产资料或生活资料，从而产生了相互交换产品的必要。社会分工越发展，需要交换的产品数量和品种就越多。社会分工是商品经济产生和存在的一般基础和条件。没有社会分工，就不可能产生商品经济。

但是，如果仅有分工，并不能决定相互交换的产品必须采取商品形式。商品经济产生和存在的决定性条件，是生产资料和劳动产品属于不同所有者。不同的生产资料所有者，各自都是具有自身经济利益的经济主体。各个经济主体为了维护自身的经济利益，产品不会无偿地让渡出去，任何人要得到他人的产品，都必须遵循等价交换的原则。

商品经济是与自然经济相对立的一种经济形式。在人类社会发展历史上，商品经济自原始社会末期产生，经历了奴隶社会、封建社会、资本主义社会和社会主义社会。与不同的所有制形式相联系，存在不同类型的商品经济，包括简单商品经济、资本主义商品经济和社会主义商品经济。

商品经济的特征是：

（1）商品经济本质上是交换经济。商品经济条件下，生产要素和消费资料的全部或大部分要通过市场交换来获得，商品生产者以追求价值为目的，并通过市场交换来实现。

（2）商品经济是开放型、开拓进取型经济。

（3）商品经济以扩大再生产为特征，是与较发达的社会生产力相联系的经济形态。它既是生产力发展的产物，又进一步为生产力的发展提供广阔空间，在促进生产力发展、推动社会进步方面具有自然经济所无法比拟的优越性。

二、商品经济与市场经济

市场经济是一种以市场机制为基础和主导配置社会资源的经济运行形态。有商品经济就有市场，但有商品经济和市场，不等于就是市场经济。只有当市场机制对价格和生产者的经营活动能直接起调节作用，从而市场在社会资源配置中起基础性作用时，商品经济才发展为市场经济。

商品经济是与没有产品交换的自然经济相区别的经济形式。市场经济是由市场机制引导经济资源配置的经济形式。商品经济和市场经济不是同一个层面上的概念。自古以来，资源的配置方式就有两种：一种是社会主体直接配置资源的计划经济；另一种是由市场机制引导资源配置的市场经济。

市场的大发展和市场主体完善是市场经济形成的两个条件。市场经济是与社会化大生产相适应的一种经济资源配置方式，它是现阶段资本主义和社会主义社会进行资源配置的一种基本经济形式。市场经济是在商品经济高度发展的基础上形成的，但市场经济又不能简单等同于商品经济，商品经济与市场经济既有联系又有区别。

1.商品经济和市场经济的联系

首先，商品经济和市场的发展是市场经济形成的基础，没有商品货币关系就不能形成市场机制及其作用。

其次，商品经济规律是市场机制对社会经济发挥调节作用的内在根据，市场机制的调节作用是以价值规律为内在根据的，市场上所反映出来的对生产经营者有利或不利的信号，实际上是价值规律的表现形式。

最后，商品经济的发展高度决定着市场经济的成熟程度，只有在商品经济普遍发展，并形成统一的市场和较完善的市场体系的条件下，才可能形成市场经济。只有在市场机制对生产者的利益和经营活动起直接调节作用，从而市场成为社会资源配置基础时，商品经济才发展为市场经济。因此，市场经济是高度社会化的、高度发达的商品经济。

2.市场经济和商品经济的区别

首先，形成的时间和条件不同。从历史的发展来看，商品经济形成在先，市场经济形成在后，商品经济的产生和存在条件是不发达的社会分工和不完备的市场主体。市场经济的产生和存在是以发达的社会分工和完备的市场主体、健全的市场功能为条件的。

其次，内涵层次不同。商品经济是与自然经济相对应的概念；市场经济是与计划经济相对应的概念。

最后，市场机制的作用不同。一般商品经济尽管离不开市场，但市场的地位和作用并不十分突出。而在市场经济中，市场在资源配置中起着基础性作用或主导作用。

三、商品经济发展的趋势

商品经济并不是人类社会永恒的经济形式，它是同人类社会的一定历史阶段相联系的，随着社会生产力的极高程度发展，商品经济最终会消亡。

按照马克思和恩格斯的观点，商品是私人劳动的产物，商品交换是私人生产者之间的一种劳动交换关系，因此，一旦社会占有生产资料，商品生产就将被消除。他们所设想的未来社会是一个没有商品货币关系的社会。

马克思曾深刻地分析过商品价值关系消亡的生产力条件。随着大工业和科学技术的发展，生产力达到一种高度，产品生产所需的直接劳动少，所耗费的生产资料中包含的劳动量也少，产品的生产主要靠科学技术的力量，而这种科学发现和技术发明中所花费的人的劳动与这些科学技术带来的生产能力相比也很少。这就是说，科学技术运用在物质财富即使用价值的生产中，人的直接劳动不再起决定作用，或者说，人们依靠科学技术，只要花费少量劳动就可以生产大量的物质财富，“一旦直接形式的劳动不再是财富的巨大源泉，劳动时间就不再是，而且必然不再是财富的尺度”，“以交换价值为基础的生产便会崩溃”[①]。就是说，由于科学技术进步，生产力发展到相当的程度，直接劳动时间的量不再是物质财富的主要源泉，在极大丰富的产品面前，价值关系和以价值为基础的生产逐渐失去存在的前提，社会生产就不必采取商品经济形式了。

在当今世界，社会主义国家虽然实现了社会占有生产资料，但由于生产力和科学技术没有达到那种高度，仍然存在商品经济。同时，科学技术的迅猛发展，也让我们看到了商品经济发展的趋势和前景。

---

① 马克思，恩格斯．马克思恩格斯全集：第46卷下册［M］．中共中央马克思恩格斯列宁斯大林著作编译局，译．北京：人民出版社，1993：218.

第二节 商 品

商品是市场经济的基本要素和细胞，它包含着商品经济一切矛盾的胚芽。因此，分析资本主义商品经济和市场经济必须从分析商品开始。

一、商品的二因素

商品是为交换而生产的劳动产品。商品具有使用价值和价值两个因素或二重属性。

（一）使用价值

商品的**使用价值**是指物的有用性，即物品具有的能满足人们某种需要的属性，如粮食能充饥，衣服能御寒，机器可用于生产，书报可使人们获得信息、满足人们精神文化需要等。商品的使用价值是由物品的自然属性决定的，所以，不同的物品由于自然性质不同，表现出来的使用价值是千差万别的，同一种物品也往往具有多种多样的自然属性，能够满足人们多方面的需要，因此具有多方面的使用价值。随着科学技术的发展，商品的使用价值还将不断地被发现和利用。

使用价值在任何社会都构成财富的物质内容，它不会随着经济关系的变化而变化，所以，从物的有用性这个意义上说，使用价值是商品的自然属性，它与特定的社会生产关系无关，是人类社会的永恒范畴。

（二）交换价值和价值

具有使用价值的物品并不一定是商品，有用物品只有通过交换满足他人需要才能成为商品。因此，商品不仅具有使用价值，而且具有交换价值。**交换价值**表现为一种使用价值同另一种使用价值相交换的量的关系或比例。例如，1只羊换2把斧子，2把斧子就是1只羊的交换价值。

两种不同的使用价值能够按一定比例相交换，它们中间必定存在共同的可以相互比较的东西。这种共同的东西在质上相同，在量上可以进行比较。这种存在于商品中同质的东西，就是凝结在商品中的人类劳动。任何商品都是人类劳动的产品，它们内部都包含着一定数量的人类劳动。这种劳动是无差别的人类劳动，即人们的脑力和体力的支出。这种撇开劳动的具体形式无差别的一般人类劳动的凝结，就是商品的**价值**。使用价值不同的商品之所以可按一定比例相交换，就是因为它们都具有价值。价值在质上是相同的，不同商品所包含的价值只有量上的差别，因而可以相互比较。

价值和交换价值的关系是：价值是交换价值的基础，交换价值是价值的表现形式。在价值关系的背后，隐藏着商品生产者之间相互交换其劳动的关系。因此，价值体现的是商品生产者之间相互比较劳动和交换劳动的经济关系，是商品的社会属性，是商品的最本质的因素。

（三）使用价值和价值的关系

商品的使用价值和价值所反映的关系是不同的，使用价值反映人与自然的关系，是商品的自然属性；价值反映商品生产者之间的关系，是商品的社会属性。

商品的使用价值和价值是对立统一体。

一方面，商品的使用价值和价值是统一的，缺一就不成为商品。有的物品，仅有使用价值，但不是劳动产品，其中没有人类劳动的凝结，因而没有价值，不是商品，如空气、阳光。有的物品虽然是劳动产品，但没有使用价值，如废品，也不是商品。有的物品有使用价值，也是劳动产品，但它们只对生产者本人有用，如农民生产的满足自己需要的粮食，这里的劳动不形成价值，所以也不是商品。有些物品有使用价值，也是劳动产品，并且是供他人使用的，但是它们不是通过交换去供他人使用，如农民交租的粮食，这里的劳动也不形成价值，也不是商品。

另一方面，商品的使用价值和价值又是矛盾的。一切商品对于消费者来说，是为了取得使用价值，而不是为了获取价值；对于商品生产者来说，是为了取得价值而不是为了获取使用价值。对于商品生产者来说，商品使用价值的意义在于它是价值的物质承担者。商品生产者为了占有商品的价值，必须放弃商品的使用价值，将它让渡给消费者。无论是商品生产者还是消费者都不能既占有商品的价值，又占有商品的使用价值。所以，商品的二因素是相互排斥、相互矛盾的。只有通过交换，商品生产者实现了价值，消费者获得了使用价值，商品内在的使用价值和价值的矛盾才能得到解决。

二、劳动二重性

商品的二因素是由生产商品的劳动二重性决定的。劳动二重性包括具体劳动和抽象劳动。具体劳动创造使用价值，抽象劳动形成价值。

（一）具体劳动

具体劳动是指在一定具体形式下进行的劳动。具体劳动是异质的，是千差万别的。由于人们的劳动目的、劳动手段、劳动对象、操作方法不同，其结果也不相同，生产出来的使用价值也就各不相同。

具体劳动创造商品的使用价值，反映人与自然之间的关系。无论在什么经济条件下，人的劳动总要采取一定的具体形式，即总要有一定的目的，要使用一定的工具和材料，采取一定的操作方法，最后生产出一定的使用价值。因此具体劳动的这一性质不是商品经济社会所特有的，是一切社会形态中劳动的永恒属性，与特定的社会生产关系无关。

（二）抽象劳动

尽管生产商品的劳动的具体形式是异质的、千差万别的，但是还有同质的一面，即都是人类脑力和体力的消耗。在商品生产中，这种撇开了劳动的各种具体形式、无差别的一般人类劳动，就叫**抽象劳动**。

生产商品的抽象劳动形成商品的价值实体，它是价值的唯一源泉。抽象劳动是个历史范畴，它是商品经济社会特定的产物。在商品经济条件下，抽象劳动体现着商品生产者之间的经济关系，是生产商品的劳动的社会属性。

（三）具体劳动和抽象劳动的关系

具体劳动和抽象劳动是对立统一的关系。

二者的统一表现在：商品生产者在从事具体劳动的同时，也付出了抽象劳动。它们是同一劳动过程的两个方面，而不是独立存在的两种劳动，更不是两次劳动。不论在时间上还是空间上，二者都是不可分割的。

二者的对立表现在：

一方面，商品生产者只是把具体劳动看成实现生产目的的必要手段，他从事具体劳动只是为了能在交换中转化为抽象劳动，使劳动过程中的抽象劳动支出得到实现和补偿。而一旦交换成功，买卖双方各得其所。卖方得到抽象劳动形成的价值，买方得到具体劳动创造的使用价值。

另一方面，具体劳动是同自然物质结合起来共同成为使用价值的源泉的，而抽象劳动则是价值的唯一源泉。具体劳动与人类社会共始终，是不以社会形态为转移的永恒范畴；抽象劳动作为商品价值的实体，则是与商品交换相联系的特定范畴。

（四）劳动二重性理论是理解马克思主义政治经济学的枢纽

劳动二重性理论是由马克思创立的。在马克思之前，资产阶级古典政治经济学家已经提出了劳动价值论，但是他们不懂得生产商品劳动的二重性，不能科学地阐明价值的本质，不能把劳动价值论贯彻到底，因此，他们的劳动价值理论不仅不完善，而且充满矛盾。马克思劳动二重性理论是马克思的重大贡献，因为劳动二重性理论从根本上论证了价值的本质，把劳动价值理论建立在科学的基础上：劳动二重性理论揭示了剩余价值的真正来源是雇佣工人创造的剩余价值，从而为剩余价值理论奠定了科学基础；劳动二重性理论为创立资本有机构成理论、资本积累理论、平均利润理论、社会资本再生产理论等一系列重要理论提供了科学依据。因此，劳动二重性理论是理解马克思主义政治经济学的枢纽。

三、商品的价值量

商品的价值有质和量两个方面的规定性，是质和量的统一。前面分析了商品价值的质的规定性，都是无差别的人类劳动即抽象劳动的凝结。商品价值的量又是由什么决定和怎样决定的呢？

（一）个别劳动时间和社会必要劳动时间

马克思的劳动价值论告诉我们，商品的价值是由劳动创造的，所以商品的价值量是由生产商品所耗费的劳动量决定的。但是，各个生产者在不同劳动条件下进行不同的商品生产，难以统一衡量，通过比较发现劳动量有一个天然的尺度——“劳动时间”，即用劳动所耗费的时间来度量。

然而，生产同种商品的不同生产者，由于商品生产的主客观条件不同，所耗费的劳动时间亦不相同。使用的生产资料越先进，劳动者的劳动熟练程度越高和劳动强度越大，则生产单位商品所耗费的劳动时间越少；反之，就越多。个别生产者生产商品实际耗费的劳动时间叫作**个别劳动时间**。商品的价值量不能由各个商品生产者生产商品所耗费的个别劳动时间决定；否则，就会出现技术条件越差、生产者越懒、生产商品的价值量越多的荒唐现象了。这种现象在竞争充分展开的市场里是不允许存在的。在市场上，同样的商品中，如果质量相同，社会只承认它们有同样的价值。可见商品的价值量不是由个别劳动时间决定的，而是由社会必要劳动时间决定的。

马克思指出："**社会必要劳动时间**是在现有的社会正常的生产条件下，在社会平均的劳动熟练程度和劳动强度下制造某种使用价值所需要的劳动时间。"[①]社会必要劳动时间需要两个条件来决定：第一，生产的客观标准条件，即由现有的社会正常的生产条件所决定。第二，生产的主观标准条件，即由社会平均的劳动熟练程度和劳动强度所决定。这样，由社会必要劳动时间决定的价值量，叫商品的社会价值；由各个商品生产者的个别劳动时间所形成的价值量，叫商品的个别价值。商品的交换是依据商品的社会价值进行的。

社会必要劳动时间的客观规定对商品生产者具有极其重要的意义，关系到商品生产者的命运。

（1）如果商品生产者的个别劳动时间等于社会必要劳动时间，商品的个别价值等于社会价值，商品按社会必要劳动时间决定的价值量交换，商品生产者在生产该商品中所耗费的劳动就能得到全部补偿。

（2）如果商品生产者的个别劳动时间少于社会必要劳动时间，商品的个别价值小于社会价值，商品按照社会必要劳动时间决定的价值量交换，商品生产者在生产该商品中所耗费的劳动不仅可以得到全部补偿，还可以获得较多盈利，从而在竞争中处于有利地位。

（3）如果商品生产者的个别劳动时间多于社会必要劳动时间，商品的个别价值大于社会价值，商品按照社会必要劳动时间决定的价值量交换，商品生产者在生产该商品中所耗费的劳动不仅有一部分得不到补偿，而且在竞争中处于不利地位，造成亏损甚至破产。

---

① 马克思，恩格斯．马克思恩格斯全集：第23卷［M］．中共中央马克思恩格斯列宁斯大林著作编译局，译．北京：人民出版社，1975：52.

（二）简单劳动和复杂劳动与价值量的关系

简单劳动是指不需要经过专门训练和学习，每个具有劳动能力的人都能从事的劳动。**复杂劳动**是指经过专门训练和学习的具有一定技术专长的劳动。简单劳动是与复杂劳动相比较而存在的。简单劳动可因不同的国家或不同的历史时期而不同，但是在一定国家和一定时期内简单劳动和复杂劳动总是一定的。

价值量的确定是以简单劳动为尺度的，复杂劳动则表现为多倍的简单劳动。因而在一般情况下，单位时间内复杂劳动创造的价值要大于简单劳动所创造的价值。在交换过程中，复杂程度不同的劳动所生产的商品，可以在化为简单劳动的基础上，按照其价值量以一定比例相交换。复杂劳动与简单劳动的量的比例，不是由商品生产者自觉计算出来的，而是在反复的交换实践中自发形成的。

（三）劳动生产率与价值量的关系

商品的价值量是由生产该商品的社会必要劳动时间决定的，而社会必要劳动时间是随着劳动生产率的变化而变化的。

劳动生产率是指劳动的生产能力或效率。它反映的是劳动的生产力的大小。单位时间内生产的产品数量越多，劳动生产率越高；单位时间内生产的产品数量越少，劳动生产率就越低。

劳动生产率的高低通常用两种方式表示：一是用单位时间生产某种产品的数量来表示；二是用生产单位产品的劳动时间来表示。劳动生产率的高低取决于各种经济和技术因素，如劳动者的熟练程度、科学技术的发展水平和它在工艺上的应用程度、劳动的组织是否合理、生产设备的组合和效能、劳动对象的状况以及自然条件的优劣等。

无论劳动生产率发生了怎样的变化，同一劳动在同一时间内所形成的价值量是不变的。因此，商品的价值量与劳动生产率的关系为：劳动生产率越高，单位时间内生产的产品数量越多，从而平均到单位产品中的劳动时间越少，单位商品的价值量就越小；反之，劳动生产率越低，单位时间内生产的产品数量就越少，平均到单位产品中的劳动时间就越多，单位商品的价值量就越大。所以，单位商品的价值量与包含在商品中的社会必要劳动量成正比，与生产该商品的劳动生产率成反比。

这里所说的劳动生产率与商品价值量的关系是就整个部门而言的。如果只有个别企业的劳动生产率发生变化，而部门的平均劳动生产率不变，单位商品的社会价值量也不会发生变化。

四、价值规律

马克思科学地揭示出价值规律支配着商品经济的发展和运动，价值规律是商品经济的基本经济规律。

（一）价值规律的内容和表现形式

价值规律的内容：商品的价值量由生产商品的社会必要劳动时间决定的；商品交换要以商品的价值量为基础实行等价交换。

一是价值量的决定，即商品的价值量由生产商品的社会必要劳动时间所决定，这是价值决定的规律。

二是实行等价交换，即商品交换以价值量为基础，遵循等量社会必要劳动相交换的原则，这是价值实现的规律。价值规律是价值决定规律和价值实现规律的统一。

由于商品的价值是由货币表现和衡量的，商品价值的货币表现就是**价格**。按照价值规律的要求，商品交换要以商品的价值量为基础实行等价交换，所以，商品的价格与价值应该相一致。但是，在现实的商品交换过程中，价格与价值却经常不一致，价格与价值相一致只是偶然现象。这是因为，价格虽然以价值为基础，但价格还受其他因素尤其是供求关系的影响。在商品市场上，当供求平衡时，价格和价值相一致，但是在商品经济条件下，经常存在供求不平衡的情况。当某种商品供过于求时，由于商品售卖者之间的竞争，商品的价格就会降到价值以下；当某种商品供不应求时，由于购买者之间的竞争，商品的价格就会涨到价值以上。这就是说，随着商品供求关系的变化，价格总是围绕价值上下波动。

商品价格围绕其价值上下波动，并不意味着违背价值规律，更不能说价值规律失去作用。这是因为：首先，商品价格波动的中心是价值，无论价格怎样波动，总是以价值为基础，价格波动的幅度不会偏离太远。其次，从孤立的一次商品交换来看，商品的价格可能会高于价值或低于价值；从商品交换的总体来看，或从较长时期来看，同一种商品价格的上涨部分和下跌部分可以相互抵销，总体上价格与价值是一致的。因此，价格围绕价值上下波动，不但没有违背价值规律，反而正是价值规律作用的表现形式。

（二）价值规律的作用

1.自发地调节生产资料和劳动力在社会生产各部门之间按比例分配

在任何社会里，为了保证生产和再生产的顺利进行，都客观要求生产资料和劳动力按一定比例分配于社会生产各个部门。但在商品经济中，商品生产者只能通过市场价格的涨落来了解社会需要什么和不需要什么，市场价格的涨落是商品生产者了解市场上商品供求状况的晴雨表。当某种商品供不应求，价格上升到价值以上时，生产这种商品就有利可图，不仅会刺激该部门原有的生产者扩大生产规模，而且刺激别的部门的生产者把生产资料和劳动力转移到这个部门中来；当某种商品供过于求，价格跌到价值以下时，生产这种商品就无利可图甚至亏本，必然会使许多商品生产者放弃这种商品生产，而把生产资料和劳动力转移到获利高的部门中去。正是由于价值规律对生产的这种自发调节，社会生产的各个部门大体上形成一定的比例关系。但是，在商品经济中，价值规律的这种调节作用也存在一定的局限性和破坏性。由于价值规律对社会劳动的调节是通过生产的盲目扩大或缩小自发实现的，因此，不可避免地造成社会劳动的巨大浪费。

2.自发地刺激商品生产者改进技术，改善经营管理，提高劳动生产率，推动社会生产力的发展

按照价值规律的要求，商品的价值量由生产商品的社会必要劳动时间决定。如果商品生产者改进技术，提高劳动生产率，使生产商品的个别劳动时间低于社会必要劳动时间，商品的个别价值就会低于社会价值，商品在市场上仍按社会价值出售，这样该生产者就可以得到比别人更多的收入，并在市场竞争中处于有利的地位；反之，劳动生产率低，个别劳动时间高于社会必要劳动时间，在交换中会发生亏损，甚至在竞争中会被淘汰。这两种情况都必然刺激商品生产者改进生产方法，采用先进技术，提高劳动生产率，降低生产商品的劳动消耗，从而使整个社会生产力得到迅速发展。但是，价值规律的这种作用在私有制商品经济中也有其局限性。如果更新设备带来的盈利低于废弃旧设备的损失，商品生产者就不会采用新技术。同时，那些采用新技术的商品生产者为了保持在竞争中的优势，通常采取对新技术的垄断和保密，阻碍新技术的迅速传播和推广，从而阻碍了社会生产力的发展。

3.引起和促进商品生产者的分化

各个商品生产者的生产条件是不一样的，那些生产技术条件好、劳动熟练程度高、经营管理得当、劳动生产率高的商品生产者，其生产的商品的个别价值低于社会价值，就会在市场竞争中处于有利地位，获利较多，发展就快；相反，那些生产技术条件差、劳动生产率低的商品生产者，其生产的商品的个别价值高于社会价值，在市场竞争中处于不利地位，就会亏本甚至破产。价值规律不可避免地导致商品生产者的两极分化。价值规律的这种作用在封建社会末期导致了资本主义生产关系的产生；在资本主义制度确立后，价值规律引起商品生产者包括小商品生产者两极分化的作用依然存在，从而促进了资本主义生产关系的进一步发展。

第三节　货币的起源与发展

一、价值形式

商品有使用价值和价值二因素，与此相应，商品有两种表现形式，即使用价值的表现形式和价值的表现形式。使用价值的表现形式是通过商品的自然形态表现出来的，是看得见、摸得着的。但是价值的表现形式是不同的。价值是商品的社会属性，是一定社会经济关系的体现。就一个孤立的商品看，它的价值性质是看不出来的，只有通过与别的商品相交换，通过别的商品才能表现出来。价值的表现形式就是交换价值。随着商品交换的发展，价值形式从低级到高级依次经历了四个阶段。

（一）简单的或偶然的价值形式

简单的或偶然的价值形式是指在交换过程中，一种商品的价值偶然地表现在另一种商品上的价值形式。原始社会末期出现了最早的商品交换。由于当时人们还不是为交换而生产，只是将多余的产品用来交换自己所需要的其他物品，因此，这种交换带有偶然的性质。与原始社会末期出现的物物交换相适应，简单的或偶然的价值形式产生了。用公式表示为：

1只羊=2把斧子

在这个公式中，等式两边的商品所处的地位和作用是完全不同的。羊处于主动地位，它通过斧子表现自己的价值；斧子处于被动地位，它只是表现羊的价值的材料。羊的价值不能由它自己直接地表现出来，只能依靠斧子相对地表现出来，因而羊处于相对价值形式的地位。斧子不表现其自身的价值，只是表明羊有同自己相等的价值，所以，斧子处于等价形式的地位，起着等价物的作用。

相对价值形式和等价形式的关系是对立统一的关系。一方面，二者互相依存、互为条件。没有斧子，羊的价值就无法表现；没有羊，斧子也就不能成为价值的表现材料，处于等价形式。另一方面，它们又是互相排斥的。在等式中两种形式必须由两种不同的商品分担，同一种商品不能既处在相对价值形式上，又处在等价形式上。

等价形式具有以下三个特点：

（1）使用价值成为价值的表现形式。处在等价形式上的商品是用它的使用价值来表现处在相对价值形式上的商品的价值的。

（2）具体劳动成为抽象劳动的表现形式。处在等价形式上的商品本来是具体劳动的产品，但它作为等价物时，就作为抽象劳动的化身而出现。

（3）私人劳动成为直接社会形式的劳动。在商品经济中，生产商品所耗费的具体劳动具有私人劳动的性质，但是当一种商品充当等价物时，生产它的私人劳动就作为直接社会劳动的代表而出现，别的商品劳动的社会性质通过它而表现出来。

相对价值形式的特点是处于相对价值形式上的商品的价值相对地表现在处于等价形式上的商品的使用价值上。这是因为它们都是劳动产品，都耗费了一般人类劳动，都具有价值。相对价值形式不仅要表现价值，而且要表现价值量。例如，在“1只羊=2把斧子”的等式中，斧子的数量“2把”就把1只羊的价值量表现出来。

简单的或偶然的价值形式已经包含了一切价值形式的本质规定，隐藏了货币形态的秘密，是价值形式进一步发展的基础。但在简单的或偶然的价值形式中，价值只是同它本身的使用价值区别开来，表现在另一种商品身上，还没有充分表现价值是一般人类劳动的凝结这一本质。随着商品交换的种类和范围的扩大，价值形式由简单的或偶然的价值形式发展到总和的或扩大的价值形式。

（二）总和的或扩大的价值形式

随着生产力发展，社会分工出现，用于交换的剩余产品逐渐增多，交换已不是偶然的，而是经常地和其他多种商品相交换。于是，简单的或偶然的价值形式发展为总和的或扩大的价值形式。用公式表示为：

$$1\text{只羊}\begin{cases}=2\text{把斧子}\\=25\text{千克谷物}\\=20\text{米布}\\=2\text{克黄金}\\=\text{一定量的其他商品}\end{cases}$$

在总和的或扩大的价值形式中，处于相对价值形式的商品（如羊）的价值已经不是偶然地表现在一种商品上，而是经常地表现在一系列其他商品上。商品的价值与它借以表现出来的使用价值的特殊形式是没有关系的。这样，商品的价值才第一次被表现为无差别的人类劳动的凝结。同时，因为商品经常按不同比例同其他商品交换，各种商品交换的比例就比较稳定，交换比例也就自然而然地同它们包含的劳动量的比例更加接近，各种商品相交换的比例要由它们所包含的价值量决定，已明显地表现出来了。

扩大的价值形式存在明显的缺陷：商品价值相对地表现为一个无穷无尽又互不相同的等价序列，没有一个被社会公认的统一的等价形式，给交换带来困难和不便，价值形式需要进一步发展和完善。

（三）一般等价形式

随着社会分工和商品交换的进一步发展，逐渐从无数商品当中分离出一种商品，其他一切商品都通过它来表现自己的价值，一系列商品的价值以一种商品来表现，这就是一般价值形式。这样总和的或扩大的价值形式就过渡到一般等价形式。用公式表示为：

$$\left.\begin{array}{l}2\text{把斧子}=\\25\text{千克谷物}=\\20\text{米布}=\\2\text{克黄金}=\\\text{一定量的其他商品}=\end{array}\right\}1\text{只羊}$$

一般等价形式似乎只是总和的或扩大的价值形式的颠倒，但这一颠倒却是价值形式发展过程中的一次质的飞跃。一般等价形式中处于等价形式的唯一商品（如羊）被用来表现其他一切商品价值，叫**一般等价物**。

这种商品并不一定是每个人都直接需要的，但可以用它交换到自己所需要的商品。人们先用自己的商品与这种商品相交换，然后再用它换回自己需要的商品。它使物物交换的形式发展为以一般等价物为媒介的商品交换。商品的价值表现在唯一的商品——等价物上，不仅使商品价值的社会属性得到进一步的发展，而且可以对商品价值量进行统一的比较和衡量。在这里，商品的价值作为无差别的人类劳动凝结的性质，完全充分地表现出来了。

扩大的价值形式发展到一般价值形式，打破了物物直接交换的限制，大大促进了商品交换的发展。但是，在一般等价形式中，一般等价物由于还没有固定在一种商品上面，会因时因地而异，仍然有碍于商品交换的发展。

（四）货币形式

随着商品生产和商品交换的日益发展和范围的逐步扩大，要求一般等价物具有稳定性、统一性和固定性。当一般等价物由某种特殊商品承担时，这种商品就成为货币。商品价值形式也就进入了它的最后发展阶段，一般价值形式被货币形式所取代。用公式表示为：

2把斧子 =
25千克谷物 =
20米布 =　　　　　} 2克黄金
1只羊 =
一定量的其他商品 =

货币形式与一般等价形式相比，没有本质的区别。它们之间唯一的区别在于：在一般价值形式中，充当一般等价物的商品是不固定的；在货币形式中，充当一般等价物的商品在相当长的时间内比较固定地由某种商品来承担。

在历史上，牲畜、贝壳、布帛、金属等都曾做过一般等价物，但是在交换的实践中人们发现贵金属金和银是最理想的一般等价物材料。因为金和银有如下优点：①体积小、价值大，便于携带；②质地坚固稳定，不易损坏，容易保存；③质地均匀，便于分割。于是充当一般等价物的特殊商品就逐渐固定在金和银上。所以，马克思说："金银天然不是货币，但货币天然是金银。"[①]货币出现以后，整个商品世界分成了两极：一极是商

① 马克思，恩格斯. 马克思恩格斯全集：第13卷［M］. 中共中央马克思恩格斯列宁斯大林著作编译局，译. 北京：人民出版社，1962：145.

品，它们都有特殊的使用价值，要求实现其价值；另一极是货币，其直接以等价物的形式出现，代表一切商品的价值。一切商品要实现其价值，都必须先转化为货币。这样，商品的内在矛盾，即使用价值与价值的矛盾，就表现为商品与货币的外部对立了。这时的价值实现就是指商品换成货币了。

二、货币的本质

从货币的起源可以看出，货币是商品交换发展到一定阶段的产物。**货币的本质**在于其是固定地充当一般等价物的特殊商品。货币本身也是商品，有使用价值和价值。金的自然属性决定它可以镶牙、作为装饰品等，其价值取决于生产它所耗费的社会劳动。但金又不是普通商品，而是一种特殊商品，它的特殊使用价值在于固定地充当一切商品的一般等价物，其他商品都要通过与货币的交换才能实现其价值。货币作为一般等价物，它反映的是商品生产者之间的交换关系，体现了产品不同的所有者占有和通过等价交换来实现的社会关系。

三、货币的职能

货币的职能是指货币在商品经济中的作用。货币的本质决定了货币在商品经济中的职能。货币的职能又是货币本质的具体表现。在发达的商品经济条件下，货币具有价值尺度、流通手段、贮藏手段、支付手段和世界货币五种职能，其中，价值尺度和流通手段是最基本的职能。

（一）价值尺度

货币作为一般等价物，要把一切商品的价值表现出来，首先要去衡量它们的价值。货币衡量和计算一切商品的价值，执行的就是**价值尺度**的职能。货币之所以能执行价值尺度的职能，是因为其本身也是商品，具有价值，这与尺能量布的长度是因为尺本身有长度的道理是一样的。

货币执行价值尺度的职能，只表现商品价值量的大小，并不立即实现价值。因此，不需要真实的货币，可以只是观念上的货币。

货币在计量和表现各种商品价值时，必须确定一个计量单位，即在技术上把一定重量单位的金或银作为计量单位，这个计量单位又需分成若干等分，每个等分再分成若干等分。这种包含一定贵金属重量的货币单位及其等分叫**价格标准**。英国历史上以1磅重的金表示1英镑货币单位，为了便于计算，1英镑等于20先令，1先令等于12便士。货币作为价值尺度是用以衡量商品价值的，价格标准是用以衡量货币金属自身价值的。

货币执行价值尺度的职能，是通过把商品的价值表现为价格来实现的。**商品的价格**是商品价值的货币表现。就商品和货币的价值关系看，在两者的价值量发生同方向等比例的变化时，商品价格不会受到影响。如果币值不变，商品的价值量增加，商品的价格就会上涨；商品的价值量减少，商品的价格就会下降。如果商品的价值不变，币值增加了，商品的价格就会下降；币值减少了，商品的价格就会上涨。商品的价格同商品的价值成正比，同货币的价值成反比。

（二）流通手段

流通手段是指货币充当商品交换媒介的作用。充当流通手段的货币，不能是观念的货币，必须是现实的货币，但不一定非是足值的货币。

以货币为媒介的商品交换叫**商品流通**。在货币产生以前，商品交换是直接的物物交换，物物交换的公式是商品—商品（用公式W—W表示）。货币产生后，以货币为媒介的商品流通公式则是商品—货币—商品（用公式W—G—W表示）。商品流通与物物直接交换不但从形式上看不一样，而且在内容上也有根本的区别。在直接的物物交换条件下，卖和买在时间上和空间上是统一的，每一次卖，同时也是买，卖和买的行为是同时完成的。而在商品流通的条件下，买与卖的同一过程则分裂成两个独立的过程，买与卖在时间上和空间上都是分开的。商品流通打破了直接物物交换在时间上和空间上的限制，促进了商品经济的发展，但又扩大了商品经济的矛盾。买与卖在时间上和空间上的分离，使卖者卖出商品后不一定马上去购买，导致买与卖的脱节，从而使商品流通中已经包含了经济危机的可能性。

执行流通手段的货币有一个特点，即它一直停留在流通领域，是商品交换的媒介，这个特点是商品流通所没有的。在商品流通中，商品出卖以后就退出了流通领域而进入消费领域。但作为流通手段的货币却经常留在流通领域中发挥它的职能。商品流通中的货币在完成一次交换媒介以后，又去充当另一次交换媒介，货币不断地由买者手中转到卖者手中，始终停留在流通领域的运动被称作**货币流通**。从表面上看，仿佛商品流通的不断进行完全是由货币引起的，其实不然，商品流通是货币流通的基础，货币流通是商品流通的表现，是为商品流通服务的。

（三）贮藏手段

货币退出流通，作为社会财富被人们贮藏起来，就是货币的**贮藏手段**职能。作为贮藏手段的货币，既不能是观念上的货币，也不能是不足值的货币，更不能是货币符号，只能是黄金、白银、金或银铸币。

随着商品经济的发展，商品生产者对市场的依赖性越来越强。由于生产商品和购销商品都要有一定时间，为了使生产不至于中断，就需要有一定量的货币贮藏，以备日后购买之用。此外，由于货币是一般等价物，是社会财富的一般代表，拥有它可以购买任何商品，所以人们会贮藏货币。

在金属货币流通的情况下，金属货币作为贮藏手段可以起到自发调节货币流通量的作用。如果流通中的货币量过多，货币的购买力会下降，一些货币所有者不愿把自己的货币按贬低了的价值使用出去，而将它们贮藏起来，于是一部分货币就会自发地退出流通领域。当货币紧缺、供不应求时，货币购买力提高，就会刺激货币贮藏者把货币用出去，从中获利，这样流通中的货币又会增多起来。所以货币作为贮藏手段，起着一种“蓄水池”的作用。马克思说：“货币贮藏的蓄水池，对于流通中的货币来说，既是排水渠，又是引水渠，因此，货币永远不会溢出它的流通的渠道。”①

随着现代货币流通的发展，人们除了以金或银来积累和贮藏价值外，更普遍地采用存款和储蓄的方式，直接储存纸币。纸币储蓄与金或银的贮藏是有区别的。纸币储蓄对于个人或企业来说，也有积累和贮存价值的意义，但是从整个社会角度看，纸币储蓄并不像古老的货币贮藏那样，货币退出了经济活动过程，而是通过银行贷款将这些货币又用于生产和流通。在纸币流通的情况下，货币贮藏就不再发挥这种“蓄水池”的自发调节作用。

（四）支付手段

支付手段是指货币用来执行清偿债务或支付赋税、租金、工资等的职能。随着商品生产和商品流通的发展，商品交换过程中出现了赊购、赊销

① 马克思，恩格斯．马克思恩格斯全集：第23卷［M］．中共中央马克思恩格斯列宁斯大林著作编译局，译．北京：人民出版社，1972：154.

方式。到了买卖双方约定的期限，商品的购买者用货币向商品的出售者清偿赊欠货款时，货币执行的不是流通手段职能，而是执行支付手段职能。货币作为支付手段，最初只是清偿赊购商品欠下的债务，以后又扩展到用于支付工资、利息、租金和赋税等。

货币作为支付手段，一方面，可以在缺乏现金的情况下使商品得以流通，并且有些债务可以抵销，不需要作为流通手段，从而大大减少了货币的需要量，促进了商品生产和流通的发展；另一方面，也进一步扩大了商品经济的矛盾。商品生产者之间互相赊欠，形成一系列债务关系的链条，如果其中一个人到期不能偿还债务，就会引起连锁反应，许多商品生产者就会因得不到现金而无法进行生产和经营，有的人甚至会因还不起债而破产。可见，货币有了支付手段职能以后，加深了商品经济的矛盾，使货币作为流通手段时就已经客观存在的发生危机的可能性进一步发展。

（五）世界货币

世界货币是指货币越出一国的范围，在国际市场上执行一般等价物作用的职能。充当世界货币的货币一般是贵金属。但是，在现代国际经济中，由于某些国家的经济实力较为雄厚，货币币值在国际金融市场上相对稳定，以及其他种种特殊的历史原因，这些国家的纸币也起了世界货币的作用，如美元。

世界货币的职能主要表现在以下三个方面：

第一，作为国际支付手段，用于结算和平衡国际贸易差额；

第二，作为国际购买手段，用来购买外国商品；

第三，作为社会财富代表，从一个国家转移到他国。

在当代经济全球化趋势日益加快的条件下，货币的世界货币职能越来越发挥着重要的作用。

货币的五种职能之间客观地存在有机的联系，价值尺度和流通手段是货币的基本职能，是货币一产生就具有的职能，其他三种职能是伴随商品经济的发展，在基本职能的基础上逐渐产生的。

四、货币形式的发展

自货币产生以后，货币的具体形式随着社会生产力和商品经济的发展不断地由低级向高级发展。在人类历史上最古老的货币形式是非贵金属实物货币。牲畜、皮毛、布、贝壳等非贵金属在一定时期内都曾充当过一般等价物，当这些非贵金属固定地充当一般等价物时，不再是一般物品，而是货币。但是，这些非贵金属实物货币存在不少缺点。例如，有些实物体积太大，不便携带；有的质地不均匀，不易分割；有的质量很不稳定，不易保存等。所以，随着商品交换的进一步发展，非贵金属实物货币被贵金属货币所取代。

由于黄金、白银本身所具有的特殊优点，它们最适合固定地充当一般等价物，所以货币逐渐固定在黄金和白银上。但是黄金和白银最初的形式是条块形状，大小不等，成色和重量不一，每次商品交换时都要看成色、称分量，很不方便。因此，随着商品经济的发展，条块贵金属货币逐渐被铸币所代替。

铸币是由国家铸造的，具有一定形状、重量、成色和面额价值的金属货币，是国家法定的货币。铸币在长期流通中不断磨损，分量会减轻，其实际含量会少于名义含量，实际价值也会因此而下降。但是，由于商品所有者并不关心铸币是否足值，只重视铸币是否能充当流通手段，所以这种不足值的铸币仍可执行流通手段职能，依然可以按面值购买商品。这样，铸币就逐渐成为一种价值符号或货币符号，由相对没有什么价值的纸币来代替便成为可能。

纸币是由国家发行并强制流通的货币符号。纸币产生之初，是有法定含金量的，并且可以随时兑换黄金。它是附属于黄金的，是黄金的替身。20世纪70年代以后，各国政府渐渐不再公布纸币的含金量，纸币才成为完全独立的货币形式。

随着现代信用制度的发展和电子计算机的广泛使用，货币形式的发展从有形到无形，逐渐出现了电子货币。电子货币的主要形式是信用卡，它是一种纯粹观念性的货币，不需要任何物质性的货币材料，一切交易活动都通过银行计算机网络完成。

综上分析，货币的形式随着商品经济的发展和社会的进步不断发展变化，但是货币的主要功能仍然存在，变化的只是货币的形式而已。

五、货币流通规律

（一）货币流通规律的内涵

货币流通规律是指决定在一定时期内商品流通中所需要货币量的规律。

流通中的货币需要量并不是任意规定的，而是有规律的。货币流通由商品流通引起并表现为商品流通，货币流通的规模和速度也是由商品流通的规模和速度决定的，因此，在一定时期内，商品流通中所需要的货币量取决于三个因素：①待售商品的数量；②商品的价格水平；③货币的流通速度。前两个因素的乘积构成商品价格总额，在货币流通速度不变的情况下，待售商品价格总额越大，则流通中所需的货币量就越多；反之，则越少。所以商品价格总额与流通中所需的货币量成正比。在待售商品价格总额不变的情况下，货币流通速度越快，同一货币发挥作用的次数越多，流通中所需的货币量则越少；反之，则越多。所以货币流通速度与流通中所需的货币量成反比。用公式来表示是：

$$\text{流通中所需的货币量}=\frac{\text{商品价格总额(待售商品数量×商品价格水平)}}{\text{货币流通速度(同一单位货币的平均周转次数)}}$$

货币的支付手段产生以后，一定时期内流通中所需要的货币量会发生变化。因为在本时期内发生的用延期支付方式赊购的商品的价格总额，不需要货币支付，应从商品价格总额中扣除；前一时期内用延期支付方式赊购的商品而在本时期内到期的货款需要支付货币，这部分应加上去；在商品生产者之间，相互赊购的商品可以抵销，也不需要现实的货币支付，也应从商品价格总额中扣除。这样，货币流通规律的内容就需要做如下的改变：

$$\text{流通中所需的货币量}=\frac{\begin{matrix}\text{待售商品}\\\text{价格总额}\end{matrix}-\begin{matrix}\text{赊售商品}\\\text{价格总额}\end{matrix}+\begin{matrix}\text{到期支付}\\\text{价格总额}\end{matrix}-\begin{matrix}\text{彼此抵销}\\\text{支付总额}\end{matrix}}{\text{货币流通速度(同一单位货币的平均周转次数)}}$$

这一货币流通规律是指贵金属货币的流通规律。在现实的交换过程中，商品流通的数量和价格总额处于不断变化之中，同一单位货币的平均流通速度也是一个经常变动的量，因此，货币的实际需要量是一个经常变动的量。如果一定时期内实际流通的贵金属货币量超过所需要的金属货币量，流通中的贵金属货币量就会过多，物价就会上涨；相反，一定时期内实际流通的贵金属货币量少于所需要的贵金属货币量，流通中的贵金属货币就会减少，物价就会下跌。但由于贵金属货币具有贮藏职能，它能够对流通中的贵金属货币量进行自我调节，使其达到或接近流通中所需要的贵金属货币量。

（二）纸币流通规律与通货膨胀和通货紧缩

纸币流通规律是指流通中纸币总量所代表的价值量决定于货币需

要量的规律。它是货币流通规律在纸币流通条件下的特殊表现形式。

纸币是由国家发行并强制使用的价值符号。纸币本身没有价值，作为价值符号，代替贵金属执行流通手段和支付手段的职能。因此，纸币的发行量取决于流通中贵金属货币的需要量，纸币流通规律也是以金属货币流通规律为基础的。

纸币流通与贵金属货币流通不同。在纸币制度下，可能会发生通货膨胀和通货紧缩。在金属货币流通条件下，流通中所需要的货币数量是由商品价格总额决定的，过多的金属货币会变成贮藏手段退出流通领域，从而使货币量得到自发的调节。而在纸币为唯一流通手段的条件下，纸币本身没有价值，不能像金属货币那样贮藏起来。由于各种原因，国家可能发行超过流通中需要的货币量。如果纸币的发行量超过了流通中所需要的金属货币量，单位货币所代表的价值就会减少，纸币就会贬值，物价就要上涨。这时，纸币不但不会像金属货币那样自动退出流通领域，相反，纸币持有者还会千方百计地抛出纸币，以免进一步贬值，把所发行的纸币更大量地吸引到流通领域中去。

这种由于纸币的发行量超过商品流通中所需要的货币量而引起的纸币贬值、物价上涨的现象，被叫作**通货膨胀**。通货膨胀是纸币流通条件下的特有现象。通货膨胀在一定时期内可以增加一部分需求，从而刺激生产，出现经济的虚假繁荣。但通货膨胀在经济生活中会造成一系列有害后果，严重时导致经济生活混乱、人民实际收入下降、社会动荡等。

通货紧缩是与通货膨胀相对应的一个概念。**通货紧缩**是指由于流通中的纸币供应不足，流通量下降而导致单位纸币升值、物价持续下降的现象。造成通货紧缩的原因十分复杂，但主要与国家的货币政策有关。通货紧缩的后果也是相当严重的，持续的通货紧缩导致消费者持币待购，等待更低价格的出现，从而使企业产品销售遇到困难，产品积压，开工不足，就业减少，消费者的货币收入减少等。

通货膨胀和通货紧缩都可能给经济发展带来严重的后果。这说明，遵循货币流通规律，在现代经济生活中具有十分重大的意义。

复习思考题

1. 为什么说商品是使用价值和价值的统一？

2. 为什么说劳动二重性学说是理解政治经济学的枢纽？

3. 商品的价值量和劳动生产率的关系如何？

4. 商品的价值是由劳动创造的，劳动是价值的唯一源泉，因而商品的价值量由生产商品所耗费的劳动时间决定。但为什么不能由任何一个商品生产者所耗费的个别劳动时间决定呢？

5. 根据马克思的观点，“商品的价值量与体现在商品中的劳动的量成正比，与这一劳动的生产力成反比”。那么，随着社会劳动生产力的提高，库存积压商品价值和价格之间呈现怎样的变化？

6. 如何理解“金银天然不是货币，但货币天然是金银”？

7. 假如某一时期社会上的商品价格总额是10亿元，是否需要投入10亿元货币用于流通？如果用纸币作为流通中的货币符号，那么纸币的发行应遵循什么规律？

8. 有人认为通货紧缩的基本特征是价格下跌，这会给消费者带来好处，因为他们可以以更低廉的价格获得所需要的商品。你对此如何评价？

9. 年内商品价格总额为1 400亿元，赊销商品的价格总额为350亿元，到期支付的商品价格总额为400亿元，互相抵销支付商品价格总额为250亿元。根据经验测定单位货币每元平均流通次数为8次，当年发行纸币200亿元。试计算：①年商品流通所需要的货币量是多少？②纸币贬值后每元值多少元？

[第三章]

剩余价值的生产

恩格斯在谈《资本论》的中心时明确指出："马克思的整本书都是以剩余价值为中心的。"剩余价值理论是马克思主义政治经济学的基石，资本主义的生产就是剩余价值的生产。本章将在劳动价值理论的基础上，通过对资本主义生产过程的分析，揭示剩余价值生产的秘密，说明资本主义社会中无产阶级与资产阶级对立的经济根源。

第一节　货币转化为资本

一、资本总公式及其矛盾

货币作为商品交换发展的产物，也是资本最初的表现形式。任何资本家在开始经营活动之前，都必须掌握足够的货币，用以购买生产资料和雇佣工人，这样才能开始资本主义的生产经营。但是，这并不是说货币本身就是资本。作为货币的货币和作为资本的货币是根本不同的，而这种区别从静止状态上是看不出来的，因为单从单位货币本身无法判断它是货币还是资本。从动态上看，即从商品流通与资本流通来看，二者的区别就清楚地表现出来。

货币在一般商品流通中起媒介作用，其流通形式是：

W（商品）—G（货币）—W（商品）

作为资本的货币，其流通公式是：

G（货币）—W（商品）—G′（更多的货币）

从上述两个公式来看货币与资本的区别是：

首先，形式不同。商品流通形式是先卖后买；资本流通形式是先买后卖。

其次，内容不同。商品流通形式是价值相等的两种不同商品相交换；资本流通形式是用货币换回更多的货币。

再次，目的不同。商品流通形式是为了使用价值，即取得特定商品以满足商品生产者自己的需要；资本流通形式是为了价值，而且是为了更多的价值。

最后，流通的运动限度不同。商品流通在获取使用价值时目的就达到了，流通过程就结束了；资本流通的目的是获取更多的货币，这就决定了资本的运动是永无止境的。

在资本流通公式G—W—G′中，G′=G+ΔG，即预付的货币额加上一个增值额，这个增值额（ΔG）被马克思称为剩余价值（用m表示）。当货币在流通中发生了价值增值，取得了剩余价值，这时的货币已经不再是普通货币了，而成为资本。在资本主义社会中，**资本**是能够带来剩余价值的价值，因此货币与资本的根本区别在于能否带来价值增值。资本流通公式G—W—G′最明显地表明了资本主义生产的目的和动机，概括了产业资本、商业资本、借贷资本运动的共同本质，所以它被称为**资本总公式**。

从形式上看，资本总公式同价值规律之间存在矛盾，因为按照价值规律要求商品交换必须是等价交换，即流通中不可能产生价值增值，但资本总公式呈现出来的是资本经过流通过程发生了价值增值，这就是**资本总公式的矛盾**。马克思说："货币羽化为资本的流通形式，是和前面阐明的所有关于商品、价值、货币和流通本身的性质的规律相矛盾的。"[①]这个矛盾如何解决？矛盾解决的关键在于说明剩余价值是在什么条件下从哪里产生的。

首先，剩余价值不能在流通领域中产生。因为无论是等价交换还是不等价交换，都不可能产生剩余价值。如果是等价交换，显然只是价值形式的变化，价值量是既定的，不会产生剩余价值。如果是不等价交换，买者和卖者身份是相对的，一方所得就是另一方所失，交换双方的价值总量在流通中并没有增加，所以不能说明整个资本家阶层获得的剩余价值是从哪里产生的。

---

① 马克思，恩格斯．马克思恩格斯全集：第23卷［M］．中共中央马克思恩格斯列宁斯大林著作编译局，译．北京：人民出版社，1972：177.

其次，剩余价值也不能离开流通领域产生。在流通领域之外，商品生产者之间没有接触，他们只是同自己的商品发生关系，这种关系只能是一定量的劳动凝结在商品中形成价值。因为商品生产者与其他商品生产者没有发生接触，所以也就不可能使价值得到实现和增值。

根据以上分析，剩余价值的产生，既不在流通领域，又离不开流通领域，这是解决资本总公式矛盾的条件。根据这个条件来解决资本总公式的矛盾，就要分析价值增值究竟是在哪里发生的。

首先，价值增值不可能发生在G—W阶段的货币上，因为这里的货币作为购买手段或支付手段，只是实现商品的价格，其价值量没有增值。

其次，价值增值也不可能发生在W—G′阶段上，这里商品的价值是已定的，也不会因为商品的出卖而发生价值增值。

最后，价值增值必然发生在G—W阶段的商品上。货币所有者必须购买到某种特殊的商品，这种商品具有特殊的使用价值，通过对它的使用能创造价值，而且能够创造比特殊商品自身价值更大的价值。这种特殊商品就是劳动力。因此，劳动力成为商品，是货币转化为资本的前提，也最终解决了资本总公式的矛盾。

二、劳动力的买和卖

劳动力是指人的劳动能力，是人的体力和脑力的总和，它存在于活的人体当中，并在进行生产劳动时发挥出来。无论在任何社会，劳动力都是社会生产的基本要素。但是，劳动力大规模地作为商品买卖，却只是在特定历史条件下才存在的现象。

劳动力成为商品必须具备两个基本条件：

一是劳动力有人身自由；劳动者必须有权支配自己的劳动力，才能把它作为商品买卖，并且在每次出卖时，只是暂时让渡劳动力的使用权，而不是放弃劳动力的所有权。

二是劳动者丧失了一切生产资料和生活资料，除了自己的劳动力以外，一无所有，必须靠出卖劳动力为生，用马克思的话说就是“自由得一无所有”。

劳动力像任何商品一样，也具有价值和使用价值。它是特殊商品，一方面，其特殊性表现在劳动力永远附着在劳动者身上，劳动力的买和卖只是劳动力支配权和使用权的暂时“租让”；另一方面，劳动力商品的价值和使用价值也具有不同于普通商品的特点。劳动力商品的价值是由生产和再生产劳动力所需要的社会必要劳动时间决定的。由于劳动力存在于人的身体之中，因而劳动力的生产和再生产就要消耗必要的生活资料。所以，生产和再生产劳动力所需要的社会必要劳动时间，可以还原为维持劳动者生存所必需的生活资料的价值。

劳动力价值包括三个方面：

一是维持劳动者生存所需要的生活资料的价值，以满足生产和再生产他的劳动力。

二是劳动者繁衍后代所必需的生活资料的价值，用以不断提供新的劳动力。

三是劳动者接受教育和培训所支出的费用，使劳动者具备一定的知识和技能，以适应生产的需要。

总括说来，"劳动力的价值，是由生产、发展、维持和延续劳动力所必需的生活资料的价值来决定的"[①]。

除此之外，劳动力价值的决定还包含历史和道德的因素。因为劳动者必要的生活资料不仅指人在生理上的需要，而且指在一定社会历史条件下维持劳动者正常生活的需要。而劳动者必要的生活资料的种类和数量要受一定历史条件下的经济和文化发展水平以及各个国家风俗习惯的制约，所以不同国家在不同时期的劳动力价值存在差别。在资本主义社会发展过程中，一方面，随着生产力的发展和劳动生产率的提高，各种生活资料的价值不断降低，从而使劳动力价值趋于下降；另一方面，随着社会生产力和社会文化水平的提高，维持劳动者正常生活所必需的生活资料的数量和质量也在日益提高，从而使劳动力价值趋于提高。总之，在劳动力价值决定问题上，这两方面起着相反的作用，后一个方面是影响劳动力价值变化的主要因素。当然，在一个国家的一定历史时期，必要的生活资料是一个可以确定的量，它是决定劳动力价值的标准。

劳动力商品最大的特点在于它的使用价值的特殊性。一般商品在消费或使用时，随着使用价值的消失，价值也就消失或转移到新产品中去。劳动力使用价值消费的过程就是劳动的过程，劳动力的劳动过程能够创造价值，不仅能够创造自身的价值，而且能够创造比自身价值更大的价值，这

---

① 马克思，恩格斯．马克思恩格斯选集：第2卷［M］．中共中央马克思恩格斯列宁斯大林著作编译局，译．北京：人民出版社，1972：181．

个价值的差额就是剩余价值。因此，劳动力商品的使用价值的特殊性在于它是价值的源泉，并且是超过自身价值的价值的源泉。正因为资本购买到了劳动力这种特殊商品，才使资本总公式的矛盾最终得以解决。

劳动力成为商品是货币转化为资本的前提。在劳动力的买卖中，货币所有者按照劳动力商品的价值购买劳动力商品，劳动力所有者得到了一定时期内的劳动力价值，并把这一时期内的劳动力的使用权让渡给货币所有者。他们之间的这种买卖活动符合等价交换的原则。但是，资本家在按照劳动力价值购买了劳动力商品后，劳动力的使用价值就在一定时期内属于资本家所有。劳动者在生产过程中创造的包括剩余价值在内的全部价值，也就归资本家所有，资本也就此“带来”了剩余价值。正是这种劳动力商品的买和卖，以流通领域中的等价交换关系掩盖了生产过程中资本对劳动的剥削关系。

正如马克思所描述的：“一离开流通领域或商品交换领域，就会看到，我们的剧中人的面貌已经起了某些变化。原来的货币占有者作为资本家，昂首前行；劳动力占有者作为他的工人，尾随于后。一个笑容满面，雄心勃勃；一个战战兢兢，畏缩不前，像在市场上出卖了自己的皮一样，只有一个前途——让人家来鞣。”①

三、人力资本

劳动力这个范畴，不仅是马克思论述剩余价值理论的关键一环，也是构建马克思主义政治经济学理论体系的重要组成部分。马克思在对劳动力的内涵、如何成为商品等方面做详细论述时，虽然没有提出“人力资本”这个概念，但是蕴含了某些合理的人力资本思想。

马克思在《资本论》中对劳动力下了一个经典性定义，即“我们把劳动力或劳动能力，理解为人的身体即活的人体中存在的，每当人生产某种使用价值时就运用的体力和智力的总和”②。

关于人力资本的定义，其中最具代表性的是美国经济学家舒尔茨在他的《论人力资本投资》一书中提出的：“人力资本是体现于劳动者身上，通过投资形成并出售的劳动者的知识、技能和体力所构成的资本。”

---

① 马克思．资本论：第1卷［M］．中共中央马克思恩格斯列宁斯大林著作编译局，译．北京：人民出版社，2004：205.

② 马克思．资本论：第1卷［M］．中共中央马克思恩格斯列宁斯大林著作编译局，译．北京：人民出版社，2004：195.

从马克思关于劳动力的定义和舒尔茨关于人力资本的定义上看，二者存在许多相通之处：

首先，劳动力是存在于活的人体上的，劳动能力离开了活的人体就不可能存在。同样的，人力资本也是依附于劳动者身体上的，离开人的活的机体，人力资本就无从存在。

其次，劳动能力只有在劳动时才能表现出来，一个有劳动能力的人不去劳动，其劳动能力就等于零。同样的，体现在劳动者身上的那些“知识”“技能”“经验”，只有投入使用，在具体的经营活动等创造性活动中才能发挥“资本”的作用；否则，人力资本就等于零。

最后，劳动能力既包括体力，也包括智力或脑力，既包括体力劳动，又包括脑力劳动。人力资本尽管更多的是指人的知识、技能、经验等“脑力”和“智力”，但是“脑力”和“智力”的形成总是以一定的体力为条件。

但是，不能因为马克思的劳动力范畴与现代人力资本范畴存在共性，就认为二者是完全一致的，马克思在他的经济学中所研究的是劳动力。而劳动力与人力资本除了具有共性外，还存在重大差异。

劳动力和人力资本在价值及其补偿方式上存在显著差异。马克思认为，劳动力的价值是由生产和再生产这种特殊商品所必需的劳动时间决定的，是由一定历史条件下生产劳动力所必需的生活资料的价值决定的。因而，劳动力的价值可以通过出售劳动力，以工资的形式获得补偿。对人力资本价值的决定，目前没有权威的界定。但是，人力资本是指人们拥有的并在决策和创新等活动中得到体现的知识、技能、经验等。形成和掌握这些知识、技能、经验所需的不是必要的生活资料，主要是教育和培训费用。随着科学技术的进步，人们还必须不断地为接受再教育和再培训支付费用。所以人力资本的价值主要是由经常的且数额较大的教育和培训费用构成的，我们可以把这些费用看作对“人力”的投资。这决定了人力资本价值主要不是通过出卖的“人力”所获得的必要的生活资料或工资来补偿，而是通过人力资本的所有者分享企业的部分剩余得到补偿。这正是“人力”之所以具有“资本”属性的依据。

因此，马克思关于劳动力或劳动力商品的理论是我们研究人力资本的理论的重要基础，也因为劳动力和人力资本具有差异性，所以不能因为马克思研究了劳动力就认为他研究了人力资本问题。当然，不可否认的是，无论是马克思的劳动力理论，还是现代的人力资本理论，都深刻地认识到人的要素在生产中的主导作用，这对我们坚持“以人为本”，充分重视人力资本，提高人口素质，提升人力资本质量具有重大意义。

第二节 剩余价值的源泉

一、资本主义的生产过程

资本家在市场上购买到生产资料和劳动力以后，便离开流通领域，进入生产过程，将劳动力和生产资料相结合进行资本主义生产，获取剩余价值。马克思运用劳动二重性学说对资本主义生产过程进行考察，得出资本主义的生产过程是劳动过程和价值增值过程的统一。

（一）资本主义的劳动过程

无论什么社会，都是劳动者和生产资料相结合，进行物质资料生产的过程。这是劳动过程的一般性质。但是，任何劳动过程总是同一定的社会形态相联系的。在不同的生产关系下，劳动过程又具有不同的特殊性质。在资本主义制度下，生产资料归资产阶级所有，劳动者被剥夺了生产资料，变成了出卖劳动力的雇佣劳动者。所以，资本主义劳动过程既具有劳动过程的共性，又具有特性。这表现在：

一是劳动者的劳动属于资本家。劳动者把劳动力暂时出卖给资本家，要在资本家的监督下劳动，生产什么、怎么生产，都得服从资本家的意志。

二是劳动产品归资本家所有。由于生产资料归资本家所有，劳动力的使用权归资本家，因而劳动成果必然是属于资本家的。

资本主义生产过程是“达到一定点”的价值形成过程。资本主义的劳动过程是一种商品生产过程。商品是使用价值和价值的统一。在生产过程中，一方面，劳动者以其具体劳动作用于生产资料，在创造商品使用价值的同时，把已消耗的生产资料的价值转移到商品中去；另一方面，劳动者在进行具体劳动的同时耗费了一定量的抽象劳动，创造了新价值。转移的旧价值和创造的新价值共同形成了商品的总价值。

假定某纱厂工人每生产棉纱10千克，消耗棉花10千克，棉花的价值为10元，机器设备等磨损部分的价值为2元。工人生产10千克棉纱花费6小时劳动，工人一天的劳动力价值为3元。当工人经过6小时的劳动，在生产过程中把10千克棉花纺成棉纱时，棉花的物质形态改变了，原来的使用价值已不存在，但是10千克棉花的价值并没有丧失，它转移到产品——棉纱中去了，构成了棉纱价值的一部分。此外，机器设备等磨损部分的价值2元也同样转移到产品——棉纱中去。这些转移都是由具体劳动实现的，共转移价值12元的生产资料。

纺纱工人在以具体劳动生产的同时，耗费了一定的体力和脑力，即抽象劳动。抽象劳动凝结在商品中就形成价值，这是新创造的价值。假定工人的6小时劳动创造新价值3元。棉纱这个商品的价值量就等于生产中转移的旧价值与创造的新价值之和，即12元加3元，共计15元。

价值形成了，但资本家没有得到好处，因为10千克棉纱的价值为15元，刚好补偿其预付的资本价值，没得到剩余价值，这种生产过程对资本家是毫无意义的。资本家显然不会满足于单纯的价值形成过程，他需要使价值的形成过程进一步发展为价值的增值过程。

（二）资本主义的价值增值过程

资本主义商品生产是把使用价值作为价值的物质承担者而生产的，目的是生产价值，不仅要生产价值，而且要生产出剩余价值。现在，我们来考查资本主义商品生产的价值增值过程，揭露剩余价值是怎样生产出来的。

要想生产剩余价值，资本家就要让工人的劳动时间不是6小时，而是更多时间，比如12小时。资本家购买了工人一天的劳动力，就获得一天劳动力的使用权。虽然工人6小时就可以把劳动力价值再生产出来，但这不阻碍资本家迫使工人再继续劳动6小时。这样，在劳动生产率不变时，经过12小时的劳动，工人生产棉纱20千克，消耗棉花20千克，价值20元，机器设备磨损价值4元，创造的新价值6元。20千克棉纱的价值为转移的旧价值24元和创造的新价值6元之和，共30元。资本家为生产棉纱总支出27元，两者之差3元即为剩余价值。于是价值增值过程实现了（见图3-1）。剩余价值的产生，就是由于资本家把工人劳动时间延长到补偿劳动力价值所需要的时间以上，工人创造的价值超过了他的劳动力价值，这就是价值增值的秘密。

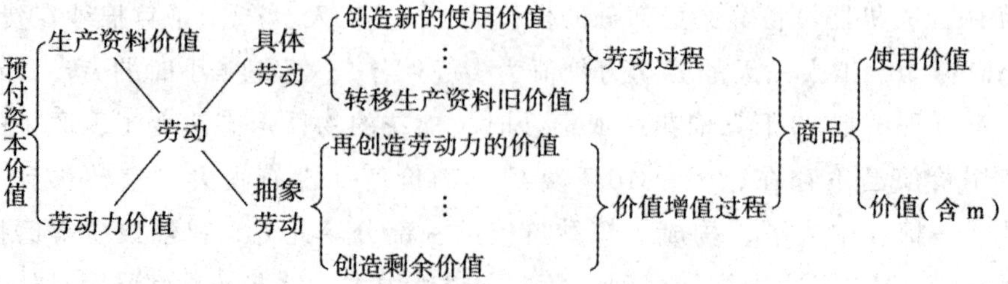

图 3-1 价值增值过程

从价值形成过程和价值增值过程来看，价值增值过程不外是超过了一定点而延长了的价值形成过程，这个一定点就是工人补偿劳动力价值所需要的时间。超过这个一定点，价值形成过程就转化为价值增值过程。因此，在价值增值过程中，工人的劳动时间分为两部分：一部分是再生产劳动力价值的时间，叫作**必要劳动时间**；另一部分是无偿为资本家生产剩余价值的时间，叫作**剩余劳动时间**。这说明，剩余价值的源泉是雇佣工人的剩余劳动。所谓**剩余价值**，就是雇佣工人创造的被资本家无偿占有的超过劳动力价值的那部分价值，它直接体现了资本家对工人的剥削关系。马克思说："戏法终于变成了，货币转化为资本了。"①

综上所述，货币转化为资本的整个过程，既在流通领域进行，又不在流通领域进行。它是在流通过程中购买劳动力为价值增值做准备，并通过流通过程出卖商品而实现价值和剩余价值。价值增值则不在流通过程中，而是在生产过程中进行的。全过程符合价值规律，资本家无论购买商品或者出卖商品，都是以价值为基础的。整个过程的关键在于劳动力商品具有特殊的使用价值，它的使用能创造出大于自身价值的价值。

二、不变资本和可变资本

资本在生产过程中以两种形式存在：生产资料、劳动力。为了进一步认识剩余价值的源泉，还要分析资本的不同部分在剩余价值生产中的作用。根据资本的不同部分在剩余价值生产过程中所起的作用不同，将资本区分为不变资本和可变资本。

不变资本是以生产资料形式存在的，在生产过程中不改变自己价值量的资本，用c表示。以生产资料形式存在的不变资本，在生产过程中被消

---

① 马克思，恩格斯. 马克思恩格斯全集：第23卷［M］. 中共中央马克思恩格斯列宁斯大林著作编译局，译. 北京：人民出版社，1972：221.

耗，其价值转移到新产品中去。尽管转移的方式不同，有的是在一次生产过程中全部转移，有的是在多次生产过程中逐渐转移，但转移的总是生产资料原有的价值。

可变资本是以劳动力形式存在的，在生产过程中发生了价值增值的资本，用v表示。可变资本在生产过程中不会转移到新产品中去，因为资本家购买劳动力时所支付的价值，由工人用于个人消费了。劳动力的价值是由工人的劳动创造的新价值的一部分来补偿的。而劳动力在生产过程中发挥作用的结果，是不仅再生产出劳动力价值，而且生产出剩余价值。

马克思把资本分为不变资本和可变资本，它的意义在于：

首先，进一步揭露了剩余价值的源泉和资本主义剥削的实质。通过区分不变资本和可变资本，说明剩余价值不是由全部预付资本产生的，而只是由可变资本产生的。工人的剩余劳动是剩余价值的唯一源泉，资本主义制度是榨取工人剩余劳动的剥削制度。

其次，为考察资本主义剥削制度提供了科学依据。恩格斯曾高度评价了这一区分："这个区别提供了一把解决经济学上最复杂的问题的钥匙。"

在资本主义生产过程中，资本家投入不变资本和可变资本，即c+v，经过生产过程，生产出剩余价值（m），形成商品价值（c+v+m）。其中的剩余价值是可变资本带来的，因而研究资本家对工人的剥削程度时，必须把不变资本抽去，只考察可变资本和剩余价值之间的关系。马克思把剩余价值与可变资本之比，叫作剩**余价值率**。用m′表示剩余价值率，则计算公式为：

$$m'=\frac{m}{v}$$

由于雇佣工人的工作日分为必要劳动时间和剩余劳动时间两部分，剩余价值率也可以用另一种形式表示：

$$m'=\frac{\text{剩余劳动时间}}{\text{必要劳动时间}}$$

上述两个公式只是表现的形式不同：前者是以物化劳动的形式表明资本主义的剥削程度，即在工人新创造的价值中，工人和资本家各占多少份额。后者是以活劳动的形式表明资本主义的剥削程度，即在工人的一个工作日的全部劳动时间中，有多长时间用来补偿劳动力价值，有多长时间用来无偿给资本家生产剩余价值。两者都是用来表示资本家对雇佣工人的剥削程度的。

剩余价值率表示剩余价值与可变资本相比较的相对量，不能表示剩余价值的绝对量。所谓剩余价值的绝对量就是资本家剥削企业全体工人在剩余劳动时间内所创造的剩余价值数量。剩余价值数量取决于两个因素：一是剩余价值率；二是雇佣工人的数量或可变资本的总量。如果资本家雇佣工人总数是一定的，则剩余价值率越高，他获得的剩余价值量也越多；如果剩余价值率是一定的，则雇佣工人总数越多，他获得的剩余价值量也越多。用M表示剩余价值总量，V表示可变资本总量，则计算公式为：

$$M=\frac{m}{v}\cdot V=m'\times V$$

由此可见，资本家要想获得更多的剩余价值，一般可以通过两条途径：一是提高对工人的剥削程度；二是增加可变资本总量。

三、剩余价值的生产方法

由于资本家拥有的资本特别是可变资本的总量是有限的，要想增加剩余价值的绝对量，主要靠不断提高剩余价值率。资本家增强对工人的剥削程度的具体方法多种多样，概括起来有两种基本的方法：绝对剩余价值的生产和相对剩余价值的生产。

（一）绝对剩余价值的生产

在资本主义制度下，工人的工作日包括必要劳动时间和剩余劳动时间两个部分。假定工作日长度为12小时，必要劳动时间为6小时，剩余劳动时间为6小时，剩余价值率为100%（见图3-2）。

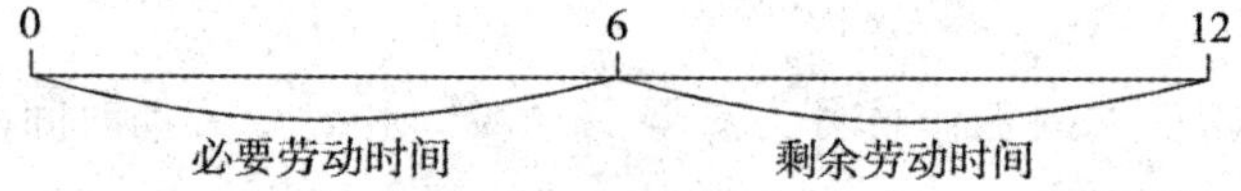

图3-2　绝对剩余价值的生产

如果在必要劳动时间不变的条件下，把工作日延长2小时，即工作日长度为14小时，那么，剩余劳动时间增加2小时，变为8小时，剩余价值率为133%。

因此，必要劳动时间不变，工作日长度绝对延长而生产的剩余价值，被叫作**绝对剩余价值**，这种生产剩余价值的方法，被叫作绝对剩余价值生产。资本家除了靠绝对延长工作日长度的办法来获取绝对剩余价值以外，还可以采用提高工人劳动强度的办法。所谓提高劳动强度，就是迫使工人更加紧张地劳动，在同样长的时间内比以前消耗更多的脑力和体力，这同延长劳动日长度没有本质的区别。所以，个别企业由于提高劳动强度而产生的剩余价值，也属于绝对剩余价值。

工作日是一个可变量，但它只能在一定限度内变动。工作日的最低限度必须大于必要劳动时间，因为如果不这样就不能产生剩余价值。但是，工作日也不能无限延长。工作日的最高限度取决于两个因素：一是生理的界限。劳动者在一天24小时内，不可能一直工作，必须有一部分时间吃饭、休息，以满足生理上的需要和恢复劳动能力。二是社会道德的界限。工人需要一定的时间参加文化生活、照顾家庭等，满足精神需要和社会交往的需要，这种需要的范围是由一个国家经济、文化发展状况来决定的。无论生理界限还是社会道德界限，都有很大伸缩性，所以，工作日的长度也有很大的伸缩性，可以在一定范围内变化。

商品交换的规律并没有为工作日确定一个标准长度。劳动力的买卖必须按它的价值进行。但是，这并不能决定一个工作日内劳动力的使用时间。商品交换的同一原则产生了两种相互对抗的权利，资本家要尽量延长工作日，工人则反对过度延长工作日。

资本家购买一日的劳动力，支付劳动力的价值，取得一天劳动力的使用权。像任何商品购买者一样，他也竭力从所购买商品的使用中获得最大利益。为了榨取更多的剩余价值，他不顾工作日的生理界限和社会道德界限，强迫工人延长劳动时间。

根据商品交换的原则，工人同样有权反对资本家延长工作日，因为工人出卖的劳动力商品是存在于活的健康的人体中。工人要求工作日长度不损害他的健康，并且能正常得到恢复，才能不断再生产劳动力，以便继续出卖。过长的工作日将使劳动力加倍消耗，最后会缩减出卖劳动力的年限，这是对工人的掠夺。因此，工人要求正常的工作日，这也是商品交换原则赋予他的权利。“在平等的权利之间，力量就起到决定作用。所以，在资本主义生产的历史上，工作日正常化过程表现为规定工作日界限的斗争，这是全体资本家即资产阶级和全体工人即工人阶级之间的斗争。”[①]也就是说，工作日长度的确定最终取决于资产阶级和无产阶级之间的力量对比。

---

① 马克思，恩格斯. 马克思恩格斯全集：第23卷［M］. 中共中央马克思恩格斯列宁斯大林著作编译局，译. 北京：人民出版社，1972：262.

（二）相对剩余价值的生产

工作日的界限和工人阶级为缩短劳动日的斗争，使资本家延长工作日长度受到一定程度的限制。而资本家追求剩余价值的贪欲是永无止境的，所以，资本家便在劳动日长度一定的情况下，想方设法提高对工人的剥削程度。在工作日长度不变的情况下提高对工人的剥削程度，只有改变工作日两个组成部分的比例，缩短必要劳动时间，相应地延长剩余劳动时间。假定原来工作日长度为12小时，其中必要劳动时间为6小时，剩余劳动时间为6小时。如果把必要劳动时间缩短为4小时，剩余劳动时间则变为8小时，结果剩余价值率也会提高，即为200%（见图3-3）。

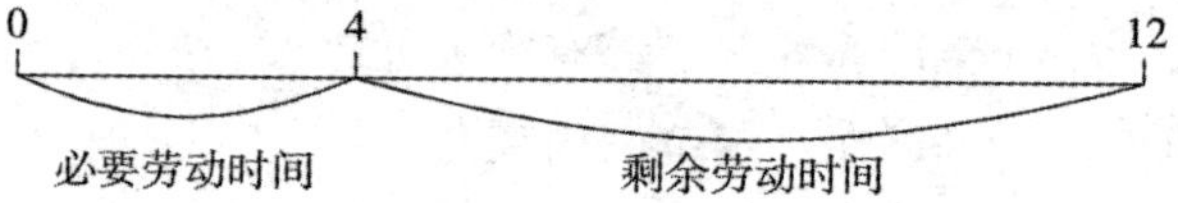

图3-3 相对剩余价值的生产

因此，在工作日长度不变的条件下，由必要劳动时间缩短、剩余劳动时间相对延长而生产的剩余价值，被叫作**相对剩余价值**，这种生产剩余价值的方法，被叫作**相对剩余价值生产**。那么，如何缩短必要劳动时间呢？我们知道，必要劳动时间是用来补偿劳动力价值的，如果它缩短的话，必然使劳动力价值降低。而劳动力价值可以还原为维持劳动者生存所必需的生活资料的价值，由此可以推之，劳动力价值的降低取决于工人生活资料价值的降低，工人生活资料价值的降低有赖于提高生活资料部门劳动生产率，生活资料部门劳动生产率的提高有赖于生产资料部门劳动生产率的提高。可见，相对剩余价值生产是整个社会劳动生产率提高的结果。

在资本主义社会，整个社会劳动生产率提高是个别企业追逐超额剩余价值的结果。劳动生产率的提高，不可能所有企业齐头并进，都是从个别企业先开始的。个别企业提高劳动生产率的直接动机来源于超额剩余价值。所谓**超额剩余价值**，是商品的个别价值低于社会价值，按照社会价值出售所产生的差额。商品是按照社会必要劳动时间决定的社会价值出售的，如果个别企业率先采用新技术，提高了劳动生产率，缩短了生产该商品的个别劳动时间，那么该商品的个别价值就低于社会价值，按照社会价值出售该商品，资本家就可以多得一部分剩余价值，即超额剩余价值。即使是超额剩余价值也是由雇佣工人的剩余劳动创造的。在劳动生产率高的企业，工人的劳动复杂程度往往也要高于一般劳动，由于是加强的劳动，所以可以创造更多的价值。

不过超额剩余价值的存在只是暂时的，因为追逐更多的剩余价值是资本家的本性，当某些资本家由于提高劳动生产率而获得超额剩余价值时，资本家会竞相采用先进技术和设备，提高自身的劳动生产率。由于各个资本家都争先效仿，整个社会的劳动生产率就会提高，以前的先进生产条件也会逐渐转化为一般生产条件，这样商品的社会价值就会降低，超额剩余价值也就逐渐消失。超额剩余价值消失了，整个社会的劳动生产率提高了，所以生产生活资料部门的劳动生产率也会提高，劳动力价值就会降低，补偿劳动力价值的必要劳动时间就会缩短，资本家就会获得相对剩余价值。

综上所述，追逐超额剩余价值是每个资本家改进技术、采用先进机器设备、提高劳动生产率的直接动机，而每个资本家竞相追逐超额剩余价值的结果是使所有资本家普遍获得相对剩余价值。

作为资本家提高剥削程度、获得更多剩余价值的两种基本方法，绝对剩余价值生产和相对剩余价值生产既有联系又有区别。

（三）绝对剩余价值生产和相对剩余价值生产的联系和区别

1.二者的联系

首先，作为资本家对雇佣工人的剥削手段，两种方法在本质上是一致的，即都是延长了工人的剩余劳动时间，增加了资本家无偿占有的剩余价值。绝对剩余价值生产是在必要劳动时间不变的前提下，延长工作日长度，绝对地延长剩余劳动时间，获得更多的剩余价值。而相对剩余价值是在工作日长度不变的前提下，缩短必要劳动时间，相对地延长剩余劳动时间，获得更多的剩余价值。无论是绝对延长还是相对延长，都是延长了工人的剩余劳动时间。

其次，绝对剩余价值生产是相对剩余价值生产的起点，是资本主义剥削的一般基础。在资本主义社会生产中，只有把工人的劳动时间延长到一个定点，即超过补偿劳动力价值的必要劳动时间，绝对地延长剩余劳动时间，才会获得剩余价值，即绝对剩余价值。正因为工作日被分割为必要劳动时间和剩余劳动时间，在这一条件下，资本家才有可能通过提高劳动生产率，缩短必要劳动时间，相应延长剩余劳动时间，实现相对剩余价值的生产。

2.二者的区别

两种方法的物质技术基础不同，在资本主义生产发展的不同历史阶段所起的作用是不同的。资本主义生产发展主要经历了简单协作、工场手工业、机器大工业这三个阶段。由于在简单协作阶段，劳动者之间没有固定分工，主要依靠手工劳动，该阶段主要是绝对剩余价值生产。到了工场手工业阶段，分工逐渐明确固定，虽然依然是绝对剩余价值的生产，但是劳动生产率进一步提高，从而为相对剩余价值的生产做了准备。机器大工业则是以机器代替手工劳动进行生产，相对剩余价值生产日益成为资本家加强剥削的主要方法。

当然，这两种方法并不是互相排斥的，在资本主义生产实践中总是尽可能将两种方法结合使用，从而获取更多的剩余价值。

资本主义社会在三次产业革命的推动下，以及第二次世界大战后电子信息技术的促进下，生产逐渐由普通机器体系向生产自动化阶段过渡。在一些生产中开始使用计算机控制的“机器人”，甚至出现了“无人车间”“无人工厂”，似乎自动化的机器体系也能创造价值和剩余价值了。其实，即使在资本主义生产自动化条件下，剩余价值也只能是由雇佣工人的剩余劳动所创造的。这是因为：

首先，自动化的机器设备再先进，也是跟其他生产工具一样，离开了人的活劳动同样是一堆废铁。

其次，生产自动化条件下，生产工人的概念扩大了，不仅包括直接操纵机器的普通工人，而且包括大量的科学技术人员和管理者，价值和剩余价值是由“总体工人”创造的。马克思说：“为了从事生产劳动，现在不一定要亲自动手；只要成为总体工人的一个器官，完成他所属的某一种职能就够了。”[①]因此，在考查生产自动化条件下剩余价值的源泉时，不能只看生产现场的普通工人，更要看以不同方式参加生产过程的多种人员，他们直接或间接地作用于劳动对象，作为“总体工人”共同生产社会化的商品，同时为资本家创造了大量的剩余价值。

最后，生产自动化的发展，改变了资本主义社会中简单劳动和复杂劳动的比例关系，使复杂劳动所占比重逐渐增大，从而能够为资本家创造更

---

① 马克思，恩格斯．马克思恩格斯全集：第23卷［M］．中共中央马克思恩格斯列宁斯大林著作编译局，译．北京：人民出版社，1972：556.

多的剩余价值。资本家利用先进的自动化设备，可以提高劳动生产率，进而提高对工人的剥削程度，获得更多的超额剩余价值和相对剩余价值。

四、剩余价值规律是资本主义的基本经济规律

基本经济规律是指在一定社会形态的规律体系中起主导作用的经济规律，它决定着整个社会生产的目的和实现目的所采用的手段。通过以上关于剩余价值生产的论述我们知道，资本主义生产的目的和动机就是追求尽可能多的剩余价值，达到这一目的的手段是不断扩大和加强对雇佣劳动的剥削，这便是资本主义生产方式的基本经济规律——**剩余价值规律**。之所以说剩余价值规律是资本主义生产方式的基本经济规律，原因在于：

首先，剩余价值规律决定着资本主义生产的实质。资本主义生产的目的不是满足社会需要，而是尽可能多地追逐剩余价值。资本家作为剩余劳动的榨取者和劳动力的剥削者，在精力、贪婪和效率方面，远远超过了以往一切以直接强制劳动为基础的生产制度。因此，在资本主义制度下，生产过程中的一切生产资料和劳动力都是作为资本要素存在的，而资本的使命就是进行价值增值，所以资本主义生产必然服从和服务于这个使命，榨取尽可能多的剩余价值，这便是其生产的实质。

其次，剩余价值规律决定着资本主义生产发展的一切主要过程和主要方面。资本主义生产的各个环节——生产、分配、交换和消费，都服从于追逐剩余价值的目的，受剩余价值规律的支配。资本主义生产就是为了创造剩余价值，生产什么、生产多少、怎么生产也是围绕着能带来多少剩余价值。资本主义分配实际上是各个资本家瓜分剩余价值的过程。资本主义的交换也是为剩余价值的生产和实现做准备。资本家的个人消费受到剩余价值生产的制约，而雇佣工人的个人消费，是为剩余价值的再生产提供劳动力的，是从属于剩余价值生产的。

最后，剩余价值规律决定着资本主义生产方式的产生、发展和灭亡的全过程。马克思说："剩余价值的生产是资本主义生产的直接目的和决定性动机。"[①]正是这一目的和动机，推动着"人格化的资本"——资本家努力改进技术，改善经营管理，提高劳动生产率，使资本主义最终得以确立，并由简单协作发展到工场手工业，再到机器大工业阶段，"资产阶级

① 马克思，恩格斯．马克思恩格斯全集：第25卷［M］．中共中央马克思恩格斯列宁斯大林著作编译局，译．北京：人民出版社，1972：272.

在它的不到一百年的阶级统治中所创造的生产力，比过去一切世代创造的全部生产力还要多，还要大”。不断追求剩余价值，从而引起了资本和生产的集中，集中到一定程度自由竞争被私人垄断取代，尔后又发展到国家垄断资本主义。当国内已经没有办法满足其获得巨大剩余价值的贪欲时，资本家就会奔走于世界各地，广泛地进行商品和资本输出，又产生了国际垄断资本主义。与此同时，为了追逐剩余价值，资本对雇佣劳动的剥削不断加强，从而制约着市场需求的扩大，生产和消费处于对抗性矛盾中，从而不断加深资本主义的基本矛盾；当矛盾激化到一定程度时，就会爆发周期性的危机。因此，剩余价值规律驱动生产的发展所带来的社会化大生产曾是资本主义取代旧制度的物质基础，当它在资本主义社会制度下得到高度发展后，又成为促进这个社会制度灭亡的客观条件。

第三节　工资概述

一、工资的本质

资本家购买劳动力，支付一定量的货币，表现为资本主义的工资。工人劳动1小时，获得1小时的工资；工人劳动1天，获得1天的工资；工人劳动1个月，获得1个月的工资。从表面上看，工资好像是劳动的价格，是劳动的全部报酬，工人出卖给资本家的也不是劳动力，而是劳动。其实，这完全是一种假象，工人出卖的是劳动力，而不是劳动，在本质上是劳动力的价值或价格的转化形式，不是劳动的价值或价格的转化形式。也就是说，工人出卖的是劳动力，而不是劳动，劳动不能当作商品买卖。其原因在于：

首先，任何商品在出卖前必须独立存在，如果劳动是商品，那么也不例外，但是，劳动要想取得存在形式，只有和生产资料相结合。当资本家和工人在市场上进行交换时，劳动还没有开始，而且雇佣工人也没有任何生产资料，因此，这时工人不可能拿不存在的东西出卖。成交之后，进入生产过程，工人的劳动和劳动产品都归资本家所有，工人无权出卖不属于自己的东西。

其次，劳动本身没有价值，商品价值是一般人类劳动的凝结，价值量大小是由生产劳动的时间长短决定的。如果说劳动是商品，那么它同样应该具有价值，劳动的价值也是由劳动创造出来的，也就等于说劳动的价值取决于劳动，劳动决定劳动的价值。比如，10小时劳动的价值等于10小时劳动，这完全是一种毫无内容的同义反复。

最后，如果劳动是商品，要么否定价值规律，要么否定剩余价值规律。如果说劳动是商品，又不否定价值规律，那么资本家和工人之间应该是等价交换，资本家付给工人的工资就应该等于工人劳动创造的全部价值，这样，资本家将不会得到剩余价值，也就否定了资本主义生产中的剩余价值规律。如果说劳动是商品，又不否定剩余价值规律，就意味着资本家用较少的物化劳动换取了工人较多的活劳动，这就违背了价值规律要求的等价交换原则。无论是价值规律还是剩余价值规律，在商品经济发达的资本主义社会都是不会被废除的。所以，劳动不是商品。

可见，工人出卖给资本家的不是劳动，而是劳动力。资本家付给工人的工资也只是劳动力的价值或价格的转化形式。正如马克思所说："工资不是它表面上呈现的那种东西，不是劳动的价值或价格，而是劳动力的价值或价格的掩盖形式。"①但是，劳动力的价值或价格一旦采取工资的形式，就非常具有迷惑性。因为劳动力作为商品是看不见、摸不着的，人们看到的只是劳动力的使用即劳动，这样资本家在市场上购买劳动力所支付的工资，似乎已经不是为了补偿劳动力价值，而是补偿劳动的价值。另外，对于工人来说，往往是工作1小时拿1小时的工资，不工作就没有工资，并且工资往往都是劳动之后取得的，这就造成一种错觉，好像工资是劳动换来的。同时，工资在计算的时候经常以工人劳动的熟练程度、工人生产的产品数量作为依据，所以也就容易使人误认为工资是劳动的价格。

其实，工人劳动创造的价值和劳动力的价值即工资，是两个不同的量。劳动力价值采用工资这种形式，实际上就掩盖了有酬劳动和无酬劳动的区别，似乎工人的全部劳动都是有酬的，从而掩盖了资本主义剩余价值的真正来源和其剥削的本质。正像马克思指出的："工资的形式消灭了工作日分为必要劳动时间和剩余劳动时间、分为有酬劳动和无酬劳动的一切痕迹。全部劳动都表现为有酬劳动。"②马克思把劳动和劳动力区别开来，由此揭示出剩余价值的真正源泉以及工资的本质，这是马克思的伟大功绩

① 马克思．资本论：第1卷［M］．中共中央马克思恩格斯列宁斯大林著作编译局，译．北京：人民出版社，2004：619.

② 马克思．资本论：第1卷［M］．中共中央马克思恩格斯列宁斯大林著作编译局，译．北京：人民出版社，2004：619.

之一。这不仅彻底粉碎了庸俗经济学者的种种谬论，而且使科学的剩余价值理论学说贯彻到底。因此，资本主义工资是劳动力价值或价格的转化形式，体现了资本家对工人的剥削关系。

二、工资的形式

资本主义的工资形式多种多样，但归结起来基本形式主要有两种：计时工资和计件工资。

1.计时工资

所谓**计时工资**，就是按照工人劳动时间的多少为标准而支付的工资，如小时工资、日工资、月工资等。为了揭示在计时工资形式下，资本家如何加强对工人的剥削，需要将计时工资与工人的劳动强度以及工作日长短结合起来考察。例如，两个工人的日工资相等，都是20元，但两人的工作日长度不同，一个工人的工作日长度为8小时，另一个工人的工作日长度为10小时，那么第一个工人实际每小时工资=20元÷8小时=2.5元/小时，第二个工人实际每小时工资=20元÷10小时=2元/小时。很明显，第二个工人的每小时工资数低于第一个工人的每小时工资数，第二个工人实际所受的剥削更重。因此，在考查计时工资时，为反映劳动力价格的实际水平，必须考查计时工资单位价格，即劳动力每小时的价格。其计算公式如下：

$$\text{计时工资单位价格}=\frac{\text{劳动力的日价值}}{\text{工作日小时数}}$$

上述公式表明：计时工资单位价格受两个因素的影响，在工作日小时数既定时，计时工资单位价格与劳动力的日价值之间成正比；在劳动力的日价值既定时，计时工资单位价格与工作日小时数成反比。因此，资本家可以利用计时工资形式，在不降低甚至是提高劳动力的日价值的前提下，通过延长工作日小时数、增加劳动强度的办法，来降低每小时的劳动力价格，从而获得更多的剩余价值。实行计时工资对资本家是十分有利的，资本家可以根据自身的经营状况和实际需要，在生产旺盛时，让工人加班加点，尽量延长工作日长度；在生产衰退时随意缩短工人的工作日长度，即使每小时工资额不降低，但工人做不满一个工作日的工作，处于半失业状态，很难维持自身和家庭的正常生活。

2.计件工资

所谓**计件工资**，就是按照工人所生产的产品数量或完成的工作量支付的工资。计件工资表面上是产量即物化劳动的报酬，但本质上就是一定劳动时间劳动力价值或价格的转化。实行计件工资时，每件产品的单位价格就是根据一日计时工资和一日生产的产品数量计算出来的，所以计件工资单位价格的计算公式如下：

$$计件工资单位价格=\frac{一日计时工资}{一日生产的产品数量}$$

计件工资的计件单价是以计时工资为基础确定的，计时工资不过是计件工资的转化形式。相比计时工资，计件工资更具有隐蔽剥削的迷惑性，更加有利于资本主义剩余价值的生产，所以，计件工资伴随资本主义生产发展的需要而逐步流行起来，这主要是由计件工资的特点决定的：

首先，计件工资可以促使工人自行提高劳动强度，延长劳动时间。因为在计件工资条件下，工人所获工资直接与劳动成果挂钩，所以，工人为了多得工资，就会自行提高劳动强度、延长劳动时间。但是，当多数工人达到新的生产水平时，资本家又会压低计件工资单位价格，再次迫使工人提高劳动强度。

其次，计件工资有利于资本家通过产品质量监督工人劳动质量，当产品质量合格时才会支付工资，因此，资本家往往会借口产品不合格，任意克扣工人工资。

最后，计件工资有利于资本家加强对工人的管理，节约了资本家雇监工等监督工人劳动的成本。因为在实行计件工资的条件下，工人的劳动质量、劳动数量、劳动时间和劳动强度都是由产品数量控制的，所以，即使在没有监工督促的情况下，工人为了多一点工资，也会紧张地劳动。就像马克思所说："计件工资是最适合资本主义生产方式的工资形式。"[①]

虽然计件工资相对于计时工资来说更具有隐蔽性，但并不代表计时工资就没有任何用处了。随着发达资本主义国家生产自动化的发展，很多自动化装置本身就严格控制着工人的劳动强度和质量，在这种情况下，采用计时工资要比计件工资对资本家更为有利，因为资本家可以在工资不变甚至是降低的情况下，利用机器的加速运转来提高工人的劳动强度，从而加重对工人的剥削。这样做还可以避免由于资本家不断降低计件工资单价而引起工人的反抗。以"福特制"为代表的"血汗工资制"是通过提高汽车

---

① 马克思，恩格斯．马克思恩格斯全集：第23卷［M］．中共中央马克思恩格斯列宁斯大林著作编译局，译．北京：人民出版社，1972：609．

生产流水线的运转速度来提高和控制劳动强度的；同时出现了许多工资的派生形式，如奖金、分红、津贴等。所有这些就其本质来说，依然是劳动力的价值或价格的转化形式。资本家这样做就会造成一种假象：企业利益与工人利益密切相关，工人和资本家之间不是对立的，而是利益一致的，从而刺激工人更卖力干活。

三、工资量变动的趋势

考察资本主义工资，还需要从量的方面说明工资量变动的趋势。在分析工资量变动时，不能只看工人得到多少货币工资，还需要看工人所获得的货币工资的实际购买力，因此，就有必要区分一下名义工资和实际工资。

所谓**名义工资**，是指工人将劳动力出卖给资本家时所得到的一定数量的货币工资。所谓**实际工资**，是指工人用获得的货币工资实际购买到的消费资料的数量。

名义工资和实际工资在量的变化上既有联系又有区别。当物价水平等条件稳定时，名义工资和实际工资的变动是一致的。但是，如果以名义工资不变为条件，当物价水平上升时，实际工资将会下降；当物价水平下降时，实际工资将会上升。如果名义工资伴随物价水平上升也随之上升，并且上升速度更快，那么实际工资也会上升；如果名义工资的上升速度较之物价水平上升速度慢，那么实际工资会下降；如果二者上升速度相等，则实际工资水平不变。由于消费资料的价格水平会经常变化，这必然要影响等量货币所购买到的消费资料的数量。因此，考察工资量的变动趋势，必须将名义工资与物价水平等因素结合起来，分析实际工资变动，只有这样才能真实反映工人的实际收入和实际生活状况。

从整个资本主义的发展过程来看，名义工资整体呈上升趋势，而实际工资由于受到多种因素的影响，会出现时而升高时而降低的情况。

首先，实际工资的上升趋势主要是由于随着社会生产的发展，工人维持、发展自身所需要的生活资料的种类、数量在不断扩大，工人有组织地为争取提高工资进行斗争等。

其次，实际工资的下降趋势主要是由于当出现严重的通货膨胀、经济危机等问题时，实际工资下降。

以上两方面的因素在资本主义不同时期的强弱程度不同，从而导致实际工资也会提高或降低，但是第二次世界大战以后，实际工资水平的总体趋势还是呈现波浪式上升态势。当然，实际工资的上升也并不意味着工人受剥削程度的减轻，因为在工人的劳动生产率增长快于实际工资增长的情况下，工人新创造的财富中有更大部分被资本家占有，所以，争取提高工资的斗争只能暂时改善工人生活的条件，不能改变雇佣工人受剥削的地位。因此，在资本主义制度下，无产阶级要想彻底解放，必须把经济斗争发展为政治斗争，从根本上变革资本主义制度。马克思说："工人应当摒弃'做一天公平的工作，得一天公平的工资'这种保守的格言，而要在自己的旗帜上写上革命的口号：消灭雇佣劳动制度!"①

四、资本的属性

资本是马克思主义政治经济学的核心范畴，马克思通过对资本及资本运动的剖析，深刻地揭示了资本主义经济运动的一般规律。马克思在《资本论》中论述的资本是以资本主义社会的资本为对象的，很多场合讲的都是资本主义社会的资本。"**资本**是能够带来剩余价值的价值"，可以说是资本主义社会的资本的特定含义。但是，马克思在论述特定资本主义社会的资本时，也涉及资本一般或最基本的特征。马克思说"资本一般，这是每一种资本作为资本所共有的规定，或者说，是任何一定的价值成为资本的那种规定"。②因此，资本既具有资本的一般性，即作为资本所共有的规定，也具有资本的特殊性，即资本在执行不同职能时所采取的具体形式以及在不同的社会形态中所反映的不同的社会关系。所以，资本并不是资本主义的代名词，社会主义也有资本，尤其是当前我国社会主义市场经济体制改革进入关键时期，正确认识资本的属性，对于理解今天现实生活中丰富多彩的资本形态，理解为什么社会主义时期仍然存在资本，具有重要意义。

关于资本的属性，马克思在对资本进行界定时已经清楚地体现了：资本作为自行增值的价值，不仅包含着阶级关系，包含着建立在劳动作为雇佣劳动而存在的基础上的一定的社会性质，而且它是一种运动，是一个经过各个不同阶段的循环过程，这个过程本身又包含循环过程的三种不同的

---

① 马克思，恩格斯. 马克思恩格斯选集：第2卷［M］. 中共中央马克思恩格斯列宁斯大林著作编译局，译. 北京：人民出版社，1972：203-204.

② 马克思，恩格斯. 马克思恩格斯全集：第46卷上册［M］. 中共中央马克思恩格斯列宁斯大林著作编译局，译. 北京：人民出版社，1972：444.

形式。因此，它只能理解为运动，而不能理解为静止物。[①]因此，资本的属性表现为以下几个方面：

1.资本是一种价值，并且是能够自行增值的价值

凡是能够实现自身增值的商品、货币或其他生产要素，都可以称之为一般意义上的资本。增值是资本的基本职能。恩格斯指出："劳动产品超出维持劳动的费用而形成的剩余，以及社会生产基金和后备基金靠这种剩余而形成和积累，过去和现在都是一切社会的、政治的和智力的发展的基础。"[②]

2.资本是一种运动

运动是资本的属性，资本只有在运动中才能保存自己，才能不断使自己增值。资本的运动过程必须通过以下三个阶段：购买阶段、生产阶段和售卖阶段。

3.资本是一种关系

劳动是价值的唯一源泉，资本只有吸收活劳动才能实现价值增值。所以，"资本不是物，而是一种以物为中介的人与人之间的社会关系"[③]。在资本主义社会，资本是与生产资料私有制结合的，表现为私有资本，其性质是能够带来剩余价值的价值，体现了一种以雇佣劳动为基础的生产关系，反映了资本家和工人之间剥削和被剥削的关系，即劳动条件作为资本，是别人的财产，而与雇佣劳动相对立。在社会主义社会，资本是与生产资料公有制相结合的，表现为国家或集体所有的资本，是在社会主义公有制条件下实现价值增值的价值，体现了社会主义的生产关系，即资本成为联合劳动者的共有财产，成为使自己劳动增值的手段，反映了国家、集体和个人之间的利益关系，公有资本增值的部分主要是用于扩大再生产、公共建设以及提高人民的生活水平。

复习思考题

1.某资本家的纺纱厂属于中等生产条件，按社会劳动生产率，月生产棉纱1万千克。每月耗费在机器设备等劳动资料上面的价值为2万元；每

① 马克思，恩格斯．马克思恩格斯全集：第24卷［M］．中共中央马克思恩格斯列宁斯大林著作编译局，译．北京：人民出版社，1972：122.

② 马克思，恩格斯．马克思恩格斯选集：第3卷［M］．中共中央马克思恩格斯列宁斯大林著作编译局，译．北京：人民出版社，1995：538.

③ 马克思．资本论：第1卷［M］．中共中央马克思恩格斯列宁斯大林著作编译局，译．北京：人民出版社，2004：877-878.

月消耗原材料等劳动对象价值1万元；雇佣工人50人，每人平均月工资100元；剩余价值率为100%。而本月由于改进技术，企业个别劳动生产率比社会劳动生产率提高0.5倍，除原材料等劳动对象价值消耗按比例增加外，其他资本价值消耗没有增加。要求：每千克棉纱的社会价值是多少？资本家本月获得的超额剩余价值是多少？

2. 当代资本主义社会工人的工作日在缩短，生活水平也在提高，为什么说资本家对工人的剥削程度不但没有降低，反而提高呢？请结合所学内容进行分析。

［第四章］

剩余价值的实现

商品只有进入流通过程即转化成货币才能实现其价值。剩余价值的实现即资本主义流通过程。单个资本的流通就是资本的循环与周转。

第一节　资本的流通过程

一、资本的循环

资本只有在运动中才能增值，资本的运动表现为从生产到流通，从流通到生产的不断转换过程，在这个不断的转换过程中，它具有了循环的形式。资本的循环过程是资本在运动中实现其价值增值——剩余价值的过程。

（一）资本循环的三个阶段

资本在运动中要依次经过购买、生产和销售三个阶段，相应地采取货币资本、生产资本和商品资本三种职能形式。

1.购买阶段

购买阶段是由货币资本变为生产资本的阶段。在这个阶段，资本家以买者身份出现在市场上，以手中的货币购买生产所必需的生产资料和劳动力，为剩余价值生产准备条件。这一过程用公式可表示为：

$$G—W\left\langle\begin{matrix}P_m\\A\end{matrix}\right.$$

其中：G代表货币；W代表商品；A代表劳动力；P_m代表生产资料。

这个阶段从形式上看，与一般商品流通没有区别，都是货币与商品的交换，但从它的内容上看，却和一般商品流通根本不同。资本家用货币所购买的不是普通的商品，是有特殊使用价值和特定用途的商品。从质上看，资本家所购买的商品必须分割为能为资本家生产剩余价值的劳动力和生产剩余价值所必需的生产资料；从量上看，劳动力和生产资料之间必须保证一定的比例关系，以保证能用足够的生产资料来吸收劳动力的必要劳动和剩余劳动。这里关键是劳动力这一特殊商品。所以，这不是一般的商品流通过程，而是资本运动的特定阶段。在资本循环的第一阶段，资本的形态发生了变化，即由货币资本转化为生产资本。这里的货币不是普通的货币，而是货币形式的资本。它不仅执行流通手段和支付手段的职能，而且执行资本的职能。货币资本的职能是为剩余价值生产准备条件。

2.生产阶段

生产阶段是由生产资本转化为商品资本的阶段。在这个阶段，资本家使用购来的生产资料和劳动力进行生产，生产出包含剩余价值的商品。这一过程用公式可表示为：

$$W\left\langle\begin{array}{l}P_m\\ \\A\end{array}\right.\cdots P\cdots W'$$

其中：P代表生产过程；…代表流通过程中断；W′ 代表包含剩余价值在内的商品。

从形式上看，这里的生产与其他社会的生产没有什么不同，都是一个生产资料与劳动力结合起来进行物质资料生产的过程。但在资本主义条件下，这不仅是一个商品生产过程，而且是剩余价值的生产过程。生产出来的商品与原来买进的商品相比较，不仅物质形态不同，而且价值量也不同，已经包含了剩余价值。我们把这种包含剩余价值的商品叫作**商品资本**。由于生产阶段是生产剩余价值的阶段，所以，它是资本循环中的决定性阶段。经过生产阶段，资本的形态发生了变化，由生产资本转化为商品资本。

3.销售阶段

销售阶段是由商品资本转化为货币资本的阶段。在这个阶段，资本家以售卖者的身份回到市场，把生产出来的包含剩余价值的商品卖出去，实现价值和剩余价值，换回货币。用公式表示：

$W'—G'$

其中：W′和G′分别代表包含剩余价值的商品和货币。

从形式上看，资本家销售商品与一般商品流通的销售过程都是将商品转化成货币，没有什么区别，但其实质不同。因为资本家销售的商品已经包含剩余价值，是作为增值的资本价值存在的。因此，处于销售阶段的商品，不仅是一般商品，而且是商品资本。商品资本的销售过程，其实质就是剩余价值的实现过程。

在资本循环的第三阶段，资本的形态再一次发生变化，由商品资本转化为货币资本。它是这一次资本循环的终结，又是下一次资本循环的起点。

资本循环是指资本依次经过购买、生产和销售三个阶段，采取货币资本、生产资本和商品资本三种职能形式，使价值得到增值，最后又回到原来出发点的全部运动过程。用公式表示为：

$$G—W<\begin{matrix}P_m\\ \\A\end{matrix}\cdots P\cdots W'—G'$$

资本循环的第一和第三阶段是资本的流通过程，第二阶段是资本的生产过程。资本的循环过程是流通过程和生产过程的统一，其中生产过程起决定作用。

货币资本、生产资本和商品资本不是独立的三种资本形式，而是同一资本在循环过程中分别采取的三种职能形式。资本必须依次采取这三种形式，并分别执行不同的职能，资本循环才能正常进行。

（二）资本循环的形式

资本不能在完成一个循环以后就停下来，而必须周而复始地循环下去。这样，资本循环不仅进行着货币资本的循环，而且进行着生产资本和商品资本的循环（见图4-1）。

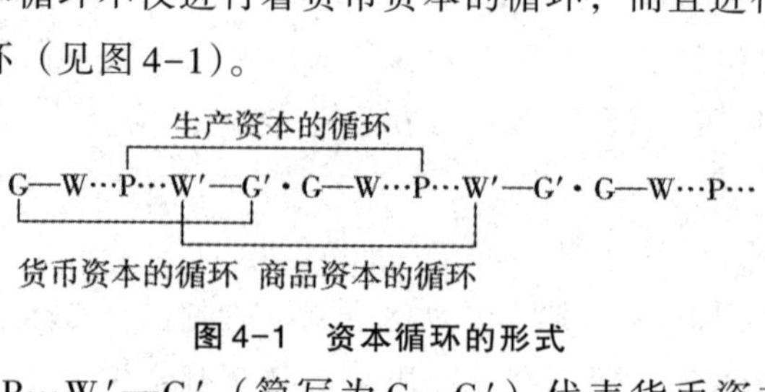

图4-1　资本循环的形式

其中：G—W…P…W′—G′（简写为G…G′）代表货币资本的循环；P…W′—G′·G—W…P（简写为P…P）代表生产资本的循环；W′ —G′·G—

W…P…W′（简写为W′…W′）代表商品资本的循环。

货币资本的循环，从预付一定数量的货币开始，到货币增值结束。孤立地看，似乎剩余价值是从流通领域中产生的。生产资本的循环从价值增值开始，连接两个生产过程，表明循环过程是资本主义再生产过程。孤立地看，似乎资本主义生产的目的不是价值增值，就是为生产而生产。商品资本的循环以已经增值的价值开始，以重新增值的价值结束。孤立地看，似乎资本主义生产目的不是榨取剩余价值，而是为了社会需要。但是如果把三种循环形式统一起来考察，就会发现它们都是以价值增值为目的。因此，必须把资本的三种循环形式统一起来考察，全面理解资本的运动过程及实质。

（三）资本循环的条件

产业资本要连续不断地循环下去，必须具备两个条件：

一是必须保持三种职能形式在空间上的并存。这就要求把资本按一定比例分成货币资本、生产资本和商品资本三部分，使它们同时处在循环过程的不同阶段上。如果不是资本同时处于三种职能形式或比例不当，就会造成资本循环不畅。

二是必须保证产业资本的职能形式在时间上的继起。这就要求三种职能资本相应地变换着自己的职能形态，从一个阶段到另一个阶段，从一种职能形态到另一种职能形态。只有这样，当生产资本转化为商品资本时，又由货币资本转化为生产资本，使生产连续不断进行；否则，生产过程就会中断。

资本三种职能形式的并存性和继起性是相互联系、互为条件的。没有并存性，各种职能形式就不能依次转化，就没有继起性。所以并存性是继起性的前提。没有资本三种职能的依次转化，三种职能形式就不可能并存，并存性也就不可能存在。可见，并存性又是继起性的结果。产业资本的三种职能形式只有并存并依次相继转化，资本的循环运动才不至于中断。由此可见，资本循环不仅是流通过程和生产过程的统一，而且是它的三种循环的统一。

二、资本的周转

循环和周转都研究资本运动形式。循环研究的是资本运动的阶段，职能资本形式、作用、循环条件；周转研究的是资本循环周期、运动速度、对资本增值的影响。

（一）资本周转时间与周转速度

资本主义生产的目的是生产剩余价值。资本要实现价值增值，必须一个循环接一个循环进行下去。这种周而复始、连续不断的资本循环运动就是**资本周转**。

资本周转的中心问题是资本周转的速度。资本周转速度可以用周转时间的长短和周转次数的多少来表示。**资本周转时间**是指资本一次周转所持续的时间。资本周转要经过生产领域和流通领域，所以资本周转时间等于生产时间和流通时间的总和。**资本周转次数**是在一定时间内（通常指一年内）资本价值循环的次数。如果用U代表“年”，u代表某部门资本周转1次所需时间，n代表周转次数，那么，资本周转次数的公式就是：

$n=U/u$

假设某资本周转1次的时间为3个月，1年周转的次数就是4次，即

$n=12\div3=4$

可见，资本的周转速度与周转次数成正比，与周转时间成反比。

（二）固定资本与流动资本

资本周转速度受生产过程和流通过程中各种因素的影响，其中最重要的因素是生产资本的构成。

生产资本按其价值周转方式的不同，划分为固定资本和流动资本两部分。

固定资本是指以机器、厂房、设备、工具等劳动资料形式存在的资本。其特点是：一次预付，分次转移，分次收回，最后通过实物形式的更新而完成周转。

流动资本是指以原料、燃料、辅助材料等劳动对象形式存在的资本。其特点是：一次预付，其价值一次全部转移到新产品中去，产品销售后以货币的形式一次收回。用于购买劳动力的那部分资本，不存在价值转移问题，而是由工人在生产过程中的劳动重新创造出来的。在商品出售以后，也全部周转回来。由于这部分资本价值周转方式与用于购买原材

料等生产资本的价值周转方式是完全相同的，因此，也属于流动资本。

由此可见，资本组成可以有两种划分方法：一是固定资本和流动资本；二是前面讲过的不变资本和可变资本。

固定资本和流动资本的划分与不变资本和可变资本的划分是有区别的。这主要表现在两个方面：

一是划分的根据不同。固定资本和流动资本是根据资本周转方式的不同划分的，不变资本和可变资本是根据它们在剩余价值的生产过程中所起的作用不同划分的。

二是划分的目的不同。划分固定资本和流动资本的目的在于揭示资本周转速度对剩余价值生产的影响，划分不变资本和可变资本的目的在于揭示剩余价值的真正来源。

固定资本的价值是按照它的磨损程度一部分地转移到新产品中去的。因此，固定资本的磨损程度直接影响着固定资本的周转。固定资本的磨损分为物质磨损和精神磨损两种。

物质磨损又叫有形磨损，是指固定资本物质要素受到损失。造成物质磨损的原因有两个：一是固定资本在使用过程中引起的；二是由自然力引起的。

精神磨损又叫无形磨损，是指固定资本在价值上受到的损失。造成精神磨损的原因也有两个：

一是由于劳动生产率的提高，生产同样的机器设备所需要的社会必要劳动时间减少，使原有的机器设备价值降低；

二是由于科技进步，出现了质量更好、效率更高的新机器设备，从而使原有的机器设备贬值。

固定资本发生物质磨损就需要进行价值补偿和物质替换。固定资本的价值补偿就是按照它平均损耗的程度把转移的价值从销售商品中提取出来，这就是折旧。物质进行替换，就是固定资本的更新。同时，资本家总是千方百计地提高固定资本的利用率，减少固定资本的闲置，采取加速折旧的办法，尽量使固定资本的精神磨损降到最低。

（三）预付资本的总周转

由于固定资本和流动资本的周转速度不同以及它们所占的比例不同，所以，在计算预付资本的平均周转速度时，不考虑固定资本与流动资本在周转方式上的本质区别，只计算它们各自在1年中周转的价值总额。**预付资本的总周转速度**是指资本不同组成部分的平均周转。其计算公式是：

$$预付资本的总周转速度=\frac{\frac{1年中固定资本}{周转价值总额}+\frac{1年中流动资本}{周转价值总额}}{预付资本总额}$$

假设某企业全部预付资本为100万元，其中：厂房价值为20万元，平均可用20年；机器设备等价值50万元，平均可用10年；工具价值为10万元，平均可使用5年；流动资本为20万元，1年周转6次。这样的话，全部预付资本的总周转见表4-1。

表4-1 **预付资本的总周转**

生产资本的各要素	价值（万元）	资本年周转次数	年内周转价值总额（万元）
厂房	20	0.05	1
机器设备	50	0.10	5
工具	10	0.20	2
流动资本	20	6.00	120
预付资本	100	1.28	128

由此可见，资本的构成对预付资本总周转的影响表现在两个方面：一是受固定资本与流动资本之间比例的影响。如果固定资本与流动资本各自周转速度不变，固定资本比重越大，预付资本总周转速度越慢；反之，则越快。二是受固定资本与流动资本各自周转速度的影响。如果固定资本与流动资本的比例不变，各自的周转速度越快，则预付资本总周转速度越快；反之，则越慢。

（四）资本周转速度对剩余价值生产的影响

1.资本周转速度影响预付资本的数量

在生产规模一定的情况下，资本周转速度越快，预付资本的数量就越少；反之就越多。

假设有甲、乙两个企业。甲企业每月需要支付2万元流动资本，1年周转1次，那么，甲企业1年内流动资本共需预付24万元。乙企业每月需要支付2万元流动资本，1个月周转1次，那么，乙企业1年内流动资本只需预付2万元。

2.资本周转速度影响年剩余价值量

年剩余价值量是剩余价值率和预付可变资本量及周转次数的乘积。用M代表年剩余价值量，即剩余价值总量，m′代表剩余价值率，v代表预付可变资本，n代表可变资本周转次数，则年剩余价值量的公式为：

$$M=m'\cdot v\cdot n$$

在全部预付资本中，只有可变资本才能带来剩余价值，所以，资本周转速度越快，可变资本的周转速度就越快，带来的剩余价值就越多。假设甲、乙两个企业预付可变资本都是2万元，剩余价值率都是100%。甲企业可变资本1年周转6次，年剩余价值量为12万元；乙企业可变资本1年周转3次，年剩余价值量为6万元。可见，甲、乙两个企业预付的可变资本数量虽然相同，但由于周转速度不同，所获得的年剩余价值量就不同。

3.资本周转速度影响年剩余价值率

年剩余价值率是1年内生产的剩余价值总量同1年内预付可变资本的比率。如果用M′表示年剩余价值率，其公式为：

$$M'=\frac{M}{v}=\frac{m'\cdot v\cdot n}{v}=m'\cdot n$$

承前例，甲企业的年剩余价值率 $M'=m'\cdot n=100\%\times6=600\%$，乙企业年剩余价值率 $M'=m'\cdot n=100\%\times3=300\%$。可见，年剩余价值率与预付可变资本的周转次数成正比。

年剩余价值率与剩余价值率在质和量上都是不同的。从质上看，剩余价值率表示的是资本家对工人的剥削程度，而年剩余价值率则表示预付可变资本在一年内的增值程度。从量上看，年剩余价值率通常都大于剩余价值率，因为流动资本1年的周转次数通常都大于1，只有当流动资本1年只周转1次时，年剩余价值率和剩余价值率才相等。

第二节　剩余价值的实现条件

循环和周转是单个资本实现剩余价值的条件，所有单个资本即社会总资本实现剩余价值的条件就是社会总产品的实现问题。

一、资本有机构成

（一）资本有机构成及其趋势

资本的构成有两个方面：

从物质形态上看，资本是由一定量的生产资料和劳动力构成的，它们之间的比例是由生产的技术水平决定的。这种反映技术水平的生产资料和劳动力之间的比例，被叫作**资本的技术构成**。

从价值形态上看，资本又是由一定数量的不变资本和可变资本构成的，它们之间的比例被叫作**资本的价值构成**。

资本的技术构成和价值构成之间存在密切的有机联系，资本的技术构成决定价值构成，资本的价值构成变动通常反映技术构成变动。马克思把这种由资本的技术构成决定并反映技术构成变化的价值构成，叫作**资本的有机构成**，用c：v表示。

资本有机构成的趋势是不断提高的。其物质表现就是同一数量的机器设备所能吸收的工人人数越来越少；从价值构成上表现为总资本中不变资本所占比例越来越大，可变资本所占比例日益减少。

（二）资本积聚和资本集中

资本有机构成的提高一般是以个别资本的增大为前提的。个别资本的增大是通过资本积聚和资本集中实现的。**资本积聚**是指由个别资本家靠剩余价值的资本化增大其资本总额。**资本集中**是指若干较小的资本合并成较大的资本。

资本积聚和资本集中既有区别又有联系。

其区别表现为：

第一，资本积聚表现为资本“增量”，由于资本积聚使个别资本总额增大，从而增加了全社会资本的总量；资本集中则是社会资本存量的调整与重组。

第二，资本积聚受到剩余价值量绝对增长的限制，因而增长缓慢；资本集中通过合并或联合中小资本可以在短时间内使企业集中大量资本。

其联系表现为：

第一，资本积聚，促进资本的集中。资本积聚越多，大资本经济力量增长越迅速，能够增强资本竞争的力量，因而可以通过竞争加速资本集中，支配更多的社会资本。资本积聚水平决定着资本集中能力。

第二，资本的集中也能加速资本积聚。随着资本集中，大资本生产和经营的规模、范围不断扩张，新技术的开发与运用水平不断提高，从而能够获得更多的超额利润。利润的增加可以促进资本积聚，从而在一个更高的水平上进行资本积聚。

在资本主义制度下，个别资本通过资本积聚和资本集中迅速增大，为采用先进机器设备和提高劳动生产率提供了条件，从而使资本有机构成不断提高。

（三）相对过剩人口

资本有机构成的提高引起的对劳动力需求的变化，具体有两种情况：一种是原有资本的有机构成不变，追加资本的有机构成提高，资本对劳动力的需求相对减少；另一种是原有资本和追加资本的有机构成都提高，资本对劳动力的需求绝对减少。这种劳动力的供给超过了资本对它的需要的情况，就叫**相对过剩人口**。

相对过剩人口有三种基本形式：第一，流动过剩人口；第二，潜在过剩人口；第三，停滞过剩人口。

相对过剩人口不仅是资本主义制度的必然产物，也是资本主义生产方式存在和发展的基础。相对过剩人口的存在为资本主义经济周期性发展提供了条件。资本主义生产时而扩大，时而缩小，当生产规模扩大时，相对过剩人口为资本主义生产提供了充足的劳动力。同时，相对过剩人口的存在对劳动力市场形成了很大的压力，资本家利用这种压力迫使工人接受苛刻条件，降低工人工资，加重了对无产阶级的剥削。

二、社会总资本及其简单再生产的实现条件

（一）社会总资本

社会总资本是相对于个别资本而言的。**个别资本**是独立地发挥资本职能，通过自身的循环周转实现价值增值的资本。相互联系、相互依存的个别资本的总和，就是**社会总资本**。

社会总资本再生产的核心问题是社会总产品的实现问题。

社会总产品是指社会各个物质生产部门在一定时期内（通常为一年）生产出来的全部物质资料的总和。

社会总产品的实现包含相互联系的两个方面：一方面是社会总产品的各个部分如何从商品形态转化为货币形态，从而实现价值补偿；另一方面是社会总产品如何由货币转化为再生产所需要的生产资料和消费资料，从而实现物质补偿。

社会总产品从实物形态上分为两类：一类是生产资料；一类是消费资料。与此相适应，社会生产也分为两大部类：生产生产资料的部类简称第一部类，用符号“Ⅰ”表示；生产消费资料的部类简称第二部类，用符号“Ⅱ”表示。

社会总产品从价值形式分为三部分：不变资本c、可变资本v、剩余价值m。这样，每一部类的全部产品的价值构成为（c+v+m），社会总产品的价值为Ⅰ（c+v+m）+Ⅱ（c+v+m）。

把社会总产品划分为价值形态和实物形态是马克思再生产理论的两个基本原理，为考察社会总产品的价值补偿和物质补偿奠定了坚实的理论基础。

马克思在研究社会总资本再生产问题时，做了五个方面的假设：社会上只有两个阶级——无产阶级和资产阶级；产品按价值销售；不存在对外贸易；剩余价值率为100%；生产周期为1年。

（二）社会总资本简单再生产的实现条件

社会总资本再生产包括简单再生产和扩大再生产两种类型。简单再生产是扩大再生产的实现基础，因此，考察社会总资本再生产时，要首先分析简单再生产。

根据社会资本再生产的两个基本原理，假设社会总产品的实物构成和价值构成如下：

Ⅰ　4 000c+1 000v+1 000m=6 000

Ⅱ　2 000c+500v+500m=3 000

为了使第二年的社会资本简单再生产能够继续进行，两大部类的产品及其各个组成部分必须得到实现，实现价值补偿和物质补偿，两大部类之间必须通过下述三方面实现交换。

1.第一部类内部各企业、各部门之间的交换

第一部类中的4 000c，在实物形态上是各种不同的生产资料，生产中所消耗的4 000c必须用新的生产资料来补偿，而第一部类本身是生产生产资料的部类，因此，这部分产品可以通过第一部类内部各企业、各部门之间的交换而得到实现。

2.第二部类内部各企业、各部门之间的交换

第二部类中的产品500v+500m，在实物形态上是各种各样的消费资料，要替换的也是各种各样的消费资料，因此，这部分产品同样可以通过本部类内部的交换来实现。

3.两大部类之间的交换

两大部类内部进行交换后，第一部类还有1 000v+1 000m，在实物形式上它们是生产资料，要替换的是消费资料，所以无法在第一部类内部实现物质补偿和价值补偿。与此同时，第二部类的2 000c在实物上表现为消费资料，但实际需要的则是生产资料，也无法在本部类内部实现价值补偿和物质补偿。两大部类的产品在物质形态上是对方所需要的，在价值上又恰好是相等的，这样就形成了两大部类之间的交换。

社会总资本简单再生产条件下，社会总产品通过上述三个方面的交换而全部得到实现，用图示表示为：

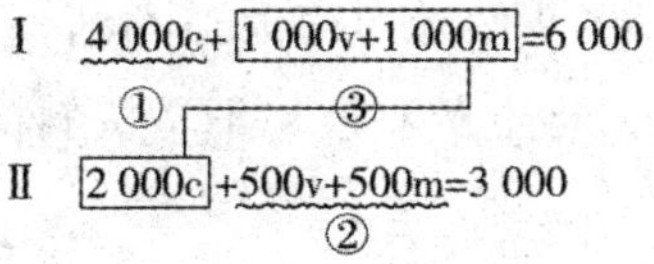

经过以上三个方面的交换，社会总产品的各个部分在价值上得到了补偿，在物质上得到了替换，即社会总产品全部实现，保证了社会总资本简单再生产能够顺利进行。由此得出结论，社会总资本简单再生产实现的基本条件是：第一部类可变资本与剩余价值之和必须等于第二部类的不变资本。用公式表示为：

Ⅰ（v + m）= Ⅱc

由Ⅰ（v + m）= Ⅱc这个基本实现条件引申出另两个实现条件：

Ⅰ（c+v+m）= Ⅰc+ Ⅱc，即第一部类全部产品的价值，必须等于两大部类的不变资本的总和。

Ⅱ（c+v+m）= Ⅰ（v+m）+ Ⅱ（v+m），即第二部类的全部产品的价值，必须等于两大部类的可变资本和剩余价值的总和。

上述三个实现条件都从不同侧面反映了简单再生产条件下两大部类生产必须遵循的内在比例关系。其中任何一个比例关系失衡，社会总资本简单再生产就无法正常进行。

三、社会总资本扩大再生产的实现条件与过程

（一）社会总资本扩大再生产的前提条件

资本主义再生产的本质特征是扩大再生产。社会总资本要实现扩大再生产就必须进行资本积累，追加资本来购买生产资料和劳动力。在资本主义条件下，扩大再生产所需劳动力可由相对过剩人口补充，但是追加的生产资料和消费资料等物质条件却要从社会总产品中提供。

社会总资本扩大再生产所追加的生产资料是由第一部类生产的，因此，第一部类一年中生产的全部生产资料，在补偿当年两大部类消耗以后，还必须有一定的余额，用以满足两大部类扩大再生产对追加生产资料的需要。用公式表示为：

$$\text{I}\ (c+v+m) > \text{I}\ c+\text{II}\ c$$

即 $\text{I}\ (v+m) > \text{II}\ c$

社会总资本扩大再生产所追加的消费资料是由第二部类生产的，因此，第二部类一年中生产的全部消费资料，在补偿当年两大部类消耗后，也必须有一定的余额，用以满足两大部类扩大再生产对追加消费资料的需要。用公式表示为：

$$\text{II}\ (c+v+m) > \text{I}\ (v+m/x) + \text{II}\ (v+m/x)$$

即 $\text{II}\ (c+m-m/x) > \text{I}\ (v+m/x)$

其中：1/x表示剩余价值中被资本家用于个人消费的比例，m/x表示剩余价值中供资本家个人消费部分；（m−m/x）表示剩余价值中用于积累的部分。

（二）社会总资本扩大再生产的实现过程

按照社会总资本扩大再生产的前提条件，社会总资本扩大再生产的出发点用图式表示为：

$$\left.\begin{array}{l}\text{I}\ \ 4\,000c + 1\,000v + 1\,000m = 6\,000 \\ \text{II}\ \ 1\,500c + 750v + 750m = 3\,000\end{array}\right\}9\,000$$

这个图式表明，$\text{I}\ (v+m) > \text{II}\ c$，社会总资本具备了扩大再生产的可

能性。同时可以看出，第一部类和第二部类的资本有机构成不同，分别是4∶1和2∶1。

为了扩大再生产，必须从社会总产品中提供追加的生产资料和追加的消费资料。因此，上述社会总产品9 000，必须按照扩大再生产的用途重新加以组合。

假设第一部类将剩余价值1 000的50%即500用于积累，其余的50%即500用于资本家的个人消费，并按照原来的资本有机构成4∶1来追加不变资本和可变资本，那么积累的500分为追加的不变资本400Δc和追加的可变资本100Δv，这样，第一部类在第一年生产出来的全部产品按照用途分解为：

$$\text{I}\quad 4\,000c+400\Delta c+1\,000v+100\Delta v+500m/x=6\,000$$

第二部类的扩大再生产也必须把剩余价值750的一部分用于积累，但是首先要追加生产资料。而第一部类向第二部类提供的生产资料总量是1 000v+100Δv+500m/x=1 600。第二部类原有不变资本1 500，要扩大再生产，必须从剩余价值750中拿出100来购买第一部类尚余的生产资料100。如果仍维持原有的2∶1的资本有机构成，第二部类还要追加可变资本50，余下的600剩余价值用作本部类资本家的个人消费。这样，第二部类的全部产品按照最终用途分解为：

$$\text{II}\quad 1\,500c+100\Delta c+750v+50\Delta v+600m/x=3\,000$$

社会总产品的各个组成部分由于资本积累进行重新组合后，同样经过三大交换过程实现其价值补偿和物质补偿。这一过程用图式表示为：

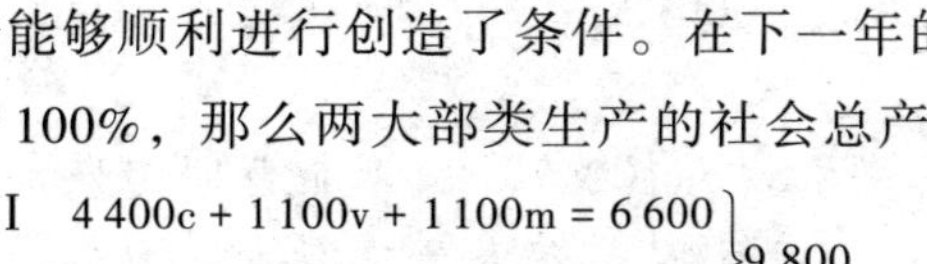

经过以上三个方面的交换，社会总产品的各个部分在价值上得到了补偿，在物质上得到了替换，即社会总产品全部实现，为社会总资本扩大再生产能够顺利进行创造了条件。在下一年的扩大再生产中，如果剩余价值率为100%，那么两大部类生产的社会总产品的构成为：

$$\left.\begin{array}{l}\text{I}\quad 4\,400c+1\,100v+1\,100m=6\,600\\ \text{II}\quad 1\,600c+800v+800m=3\,200\end{array}\right\}9\,800$$

社会总产品的总价值上一年为9 000，下一年扩大到9 800，实现了扩大再生产。

(三) 社会总资本扩大再生产的实现条件

对社会总资本扩大再生产的实现过程进行分析，揭示出社会总资本扩大再生产基本的实现条件，即第一部类原有的可变资本价值，加上追加的可变资本价值，再加上本部类资本家用于个人消费的剩余价值，三者之和应等于第二部类原有的不变资本价值和追加的不变资本价值之和。用公式表示为：

$$\text{I}\ (v+\Delta v+m/x)=\text{II}\ (c+\Delta c)$$

从社会总资本扩大再生产的基本实现条件可以引申出另外两个实现条件：

$$\text{I}\ (c+v+m)=\text{I}\ (c+\Delta c)+\text{II}\ (c+\Delta c)$$

$$\text{II}\ (c+v+m)=\text{I}\ (v+\Delta v+m/x)+\text{II}\ (v+\Delta v+m/x)$$

这三个条件表明，只有两大部类之间以及两大部类内部保持一定的比例关系，社会总资本再生产才能顺利进行。这就是马克思著名的生产资料优先增长理论。

复习思考题

1. 资本循环的三个阶段和三种职能形式分别是什么？

2. 实现资本连续循环的条件是什么？

3. 固定资本和流动资本的划分与不变资本和可变资本的划分有何区别？

4. 资本周转速度对剩余价值生产有何影响？

5. 社会总资本简单再生产的实现条件是什么？

6. 社会总资本扩大再生产的前提条件和实现条件分别是什么？

7. 甲企业资本周转时间为3个月，乙企业资本1年周转0.5次。要求：(1) 甲企业的资本周转次数是多少？(2) 乙企业的资本周转时间是多少？

8. 假定某一资本的剩余价值率为100%，该资本4年周转1次，试问该资本的年剩余价值率为多少？

9. 甲、乙两个企业的预付总资本均为100万元，甲企业固定资本为总资本的80%，使用寿命为10年；乙企业固定资本为总资本的40%，使用寿命为5年；甲企业流动资本1年周转10次，乙企业流动资本1年周转1次，资本有机构成为9∶1，剩余价值率为100%。要求：(1) 两企业的预付资本总周转次数各为多少？(2) 两企业的年剩余价值量各为多少？

（3）两企业的年剩余价值率各为多少？

10.社会总产品价值构成为：

Ⅰ 4 000c+1 000v+1 000m=6 000

Ⅱ 1 600c+800v+800m=3 200

两大部类的积累率均为25%。试计算，为实现扩大再生产，如果第一部类追加资本的有机构成为9∶1，那么第二部类追加资本的资本有机构成是多少？

11.某企业年产10 000件商品。固定资本额为10万元，使用年限为10年，投入流动资本额为5万元，周转时间为3个月。雇用工人200人，月平均工资为30元，每件商品的社会价值为30元。要求：（1）剩余价值率是多少？（2）年预付资本的周转速度是多少次？（3）年剩余价值率是多少？

[第五章]

剩余价值的分割

劳动力价值和剩余价值是资本主义社会雇佣工人所创造的新价值的两个组成部分，需要在全社会进行分配。其中，劳动力价值部分是以工资的形式归工人所得，剩余价值在生产出来并实现之后要在各资本家集团之间进行分配。现实中，剩余价值是以多种不同的形式表现出来的。各资本家集团共同参与对剩余价值的瓜分，分别占有不同形式的剩余价值。本章主要考察剩余价值的各种表现形式，它在产业资本家、商业资本家、借贷资本家、银行资本家和土地所有者之间的分配过程以及这一过程所反映出的整个资产阶级与工人阶级之间的社会生产关系。

第一节　产业资本与利润

一、利润和利润率

（一）剩余价值转化为利润

商品价值包括三个部分：不变资本、可变资本、剩余价值，用公式表示为：w=c+v+m。其中，c是消耗掉的生产资料的价值，（v+m）是活劳动创造的新价值。商品价值的这三个部分是生产商品实际耗费的劳动量。

但是，在资本家看来，他所耗费的只是不变资本和可变资本（c+v），而剩余价值没有耗费他什么。因此资本家在计算生产商品的费用时，只计算他所耗费的资本数量，即不变资本加可变资本。(c+v) 叫作商品的成本价格，简称为**成本**。成本价格是资本家经营企业盈亏的标志，是决定资本家竞争力大小的基础。当不变资本和可变资本被归结为成本价格时，它们之间的区别就消失了，剩余价值被看作商品价值在成本以上的增加额。

剩余价值被资本家视为其全部预付资本的一个增加额。这个全部预付资本不仅包括生产中已经耗费掉的不变资本和可变资本，还包括生产中尚未消耗的那部分不变资本，比如价值尚未转移的机器设备、厂房等。当剩余价值被看作全部预付资本的产物时，剩余价值就取得了**利润**这个形态。此时，商品价值就变为由两部分构成了，即成本价格加利润，用公式可表示为：

$$w=k+p$$

其中：k代表成本价格；p代表利润。

可见，利润和剩余价值实质上是同一个东西。剩余价值是相对于可变资本而言的，利润则是相对于全部预付资本而言的。利润的本质是剩余价值，是剩余价值的转化形式。

剩余价值转化为利润掩盖了剩余价值的真正来源。似乎利润不只是由可变资本带来的，也是由不变资本带来的；不只是雇佣工人创造了剩余价值，生产资料等也创造了剩余价值。这就掩盖了资本家对工人的剥削关系。

（二）剩余价值率转化为利润率

剩余价值与全部预付资本的比率被叫作**利润率**。用公式表示为：

$$P'=\frac{m}{c+v}$$

其中：P′ 代表利润率。

利润率是剩余价值率的转化形式。两者的区别是：

第一，计算方法不同。剩余价值率是剩余价值与可变资本的比率；利润率是剩余价值与全部预付资本的比率。

第二，反映的经济关系不同。剩余价值率表示资本家对工人的剥削程度；利润率表示预付资本的增值程度。

第三，数量不同。由于预付总资本大于可变资本，因此利润率总是小于剩余价值率。这就意味着利润率掩盖了资本家对工人的剥削程度。

（三）影响利润率的主要因素

资本家经营企业的目的是实现利润最大化，即以最小的成本支出取得最大限度的利润。若资本量一定，利润的大小就取决于利润率的高低，所以资本家总是力求获得更高的利润率。马克思在《资本论》中曾引用了英国评论家登宁的一段名言用以揭示资本家对于高额利润率的贪婪："资本家害怕没有利润或利润太少，就像自然界害怕真空一样。一旦有适当的利润，资本就胆大起来。如果有10%的利润，它就保证到处被使用；有20%的利润，它就活跃起来；有50%的利润，它就铤而走险；为了100%的利润，它就敢践踏一切人间法律；有300%的利润，它就敢犯任何罪行，甚至冒绞首的危险。"①

利润率要受到一些因素的影响，决定和影响利润率的因素主要有四个：

1.剩余价值率

在其他条件相同的情况下，剩余价值率越高，利润率就越高；反之，则越低。一切能够提高剩余价值率的方法，都会相应提高利润率。

2.资本有机构成

若其他条件相同，则资本有机构成越高，可变资本越少，利润率越低；反之就越高。利润率与资本有机构成是按相反方向变化的。

3.资本周转速度

其他条件相同，资本周转速度加快可以提高年剩余价值率，从而提高年利润率。资本的年利润率与资本周转速度成正比例变化。

4.不变资本的节省

在剩余价值率和剩余价值量相同的情况下，节省不变资本就意味着需要较少的预付资本，从而可以提高利润率。

二、产业资本和产业利润

最先占有剩余价值的是产业资本家。**产业资本**是指投入物质生产部门

---

① 马克思，恩格斯．马克思恩格斯全集：第23卷［M］．中共中央马克思恩格斯列宁斯大林著作编译局，译．北京：人民出版社，1972：829.

的资本。这些部门包括工业、农业、采矿业、建筑业、运输业等。剩余价值就是在这些部门中生产出来的。投资于物质生产部门的资本家被叫作产业资本家，所得到的那部分剩余价值的转化形式被称为产业利润。

当自由竞争的资本主义发展到一定阶段时，出现了利润在部门之间平均化的趋势，此时产品不再按照价值出售，而是按照生产价格出售，产业资本家按照等量资本获得等量利润的原则参与对剩余价值的分配。

（一）平均利润

1.平均利润的形成

部门间的竞争导致利润趋向于平均化。不同的部门由于资本有机构成和资本周转速度的差别，即使在剩余价值率相同的情况下，投入等量资本所获得的利润也是不相等的。这样以资本的转移为特征的部门之间的竞争就在所难免。竞争的结果使利润率趋于平均，形成平均利润率。**平均利润率**是全社会剩余价值总额与预付资本总额的比率。各部门的资本家按照平均利润率取得的利润，就是**平均利润**。假定有3个部门，各自的资本构成情况见表5-1。

表5-1　　**部门利润分布**

部门	预付资本	剩余价值率（%）	剩余价值（利润）	利润率（%）	产品价值
食品工业	70c+30v	100	30	30	130
纺织工业	80c+20v	100	20	20	120
机械工业	90c+10v	100	10	10	110

表5-1中所列3个部门的预付资本量相同，均为100，但资本有机构成不同，因此尽管剩余价值率都是100%，各部门的产品价值、利润率以及利润却是不相等的，这意味着投入等量资本却不能得到等量利润。为了争夺有利的投资场所，利润率低的机械工业部门必然将资本转向利润率高的食品工业部门。食品工业部门投资增加，产量增长，供给超过需求导致商品价格下降，利润减少；机械工业部门资本减少，产量下降，供给小于需求，产品价格上升，利润增加。这个资本转移过程要到各部门的利润率大致相等时才会停止。不同生产部门资本之间的竞争最终会让利润率趋于平均化（见表5-2）。

表5-2 **利润平均化**

部 门	全部资本(c+v)	剩余价值(m)	平均利润率(%)	平均利润	生产价格(成本价格加平均利润)
食品工业	100	30	20	20	120
纺织工业	100	20	20	20	120
机械工业	100	10	20	20	120
总 计	300	60	20	60	360

3个部门总资本量为300，剩余价值为60，平均利润率为20%，即每投入资本100可获得利润20。平均利润率用公式表示为：

$$平均利润率=\frac{剩余价值总额}{社会预付总资本}\times 100\%$$

由此可见，整个资本主义生产就像一个大的股份公司，每个资本家都是一个小股东，按照他们股份的多少取得相应的利润。不同部门的资本家根据“等量资本获得等量利润”的原则，按各自资本量的多少和平均利润率分得一部分剩余价值，这就是平均利润。

2.平均利润率的下降趋势

利润率转化为平均利润率，利润转化为平均利润，只是一种趋势，并非指利润的绝对平均化。不同部门之间的竞争以及同一部门内部各企业间的竞争是一个不断变化的过程。平均利润率并不是各个部门不同利润率的简单平均，它取决于两个因素：一是各生产部门的利润率；二是社会总资本在各个部门的分配比例。

平均利润率形成后并不是一成不变的。从较长时期的发展过程来看，平均利润率是趋于下降的。造成平均利润率下降趋势的原因是资本有机构成的提高。在资本积累的过程中，资本家在追求剩余价值的内在动力和竞争的外部压力下，不断改进技术，提高劳动生产率，就造成整个社会资本有机构成的不断提高，可变资本在总资本中的比重相对降低。如果剩余价值率的提高赶不上资本有机构成提高的速度，平均利润率就会趋于下降。资本有机构成提高也表现为固定资本所占比重增加，降低了资本周转速度，也会造成平均利润率的下降。

平均利润率的下降并不意味着剥削程度的减轻和剩余价值率的降低。在剩余价值率不变甚至提高的情况下，平均利润率仍可下降。另外，平均利润率的下降也不意味着利润量的减少。利润量多少不仅取决于利润率，还取决于资本量。尽管可变资本的相对量在减少，但是资本积累使得资本总量是不断增加的。因此，利润率的下降和利润量的增加是可能同时发生的。假如，社会资本有机构成从50c∶50v提高到800c∶200v，同时，社会总资本从100增加到1 000，这时平均利润率虽然由50%下降到20%，利润量却由50增加到200。

在资本主义社会，平均利润率的下降是一个缓慢的趋势，因为在平均利润率下降的同时还存在阻碍其下降的因素。这些因素包括：

（1）提高剥削程度来增加剩余价值量，如延长工作日、增强劳动强度、降低工资等。

（2）提高劳动生产率，降低不变资本的价值，放慢资本有机构成提高的速度。

（3）存在大量相对过剩人口。劳动力供过于求可以使资本家压低工人的工资，一些部门就会更多地采用手工劳动，从而增加剩余价值量，提高平均利润率。

（4）发展对外贸易。资本家利用对外贸易可以获取高额利润，降低利润率的下降速度。

这些因素虽然可以在一定程度上延缓平均利润率下降的速度，但是并不能改变平均利润率下降的趋势。

平均利润率下降趋势的规律暴露出资本主义生产方式的内在矛盾。

首先，资本家为弥补利润率下降造成的损失，只能加速资本积累，扩大生产规模，使生产有更巨大的发展。同时，生产的无政府状态和劳动者的失业和贫困也在加剧。这样，生产和消费之间的矛盾、剩余价值的生产和实现之间的矛盾更加尖锐。

其次，生产扩大和价值增值间的矛盾也变得日益突出。资本主义社会生产力的发展表现为相互矛盾的两方面：必要劳动时间的缩短和资本有机构成的提高。前者要增加剩余劳动量，而后者却要使劳动量相对减少。这表明要达到资本主义生产的目的所采用的手段却起了相反的作用。

最后，人口相对过剩和资本相对过剩的矛盾交织在一起。资本家要在利润率下降的同时使利润量增大，就要加快资本积累。在资本积累规律和平均利润率下降趋势的作用下，资本过剩和人口过剩不仅同时发生，而且互为条件、互相促进，从而使大量的生产资料和劳动力闲置不能变成现实的生产力。

这些矛盾反映了资本主义社会生产关系和生产力之间的矛盾，充分表明资本主义生产方式的历史局限性和过渡性。

（二）生产价格

在利润率平均化趋势的作用下，各部门产品不再按照价值出售，而是以成本价格加平均利润为基础定价销售。成本价格与平均利润之和，被叫作**商品的生产价格**。生产价格的形成是以平均利润率的形成为前提的（见表 5-3）。

表 5-3 **生产价格**

部　门	资本有机构成	剩余价值率（%）	剩余价值	平均利润率（%）	平均利润	价值	生产价格	生产价格与价值的差额
机械工业	90c+10v	100	10	20	20	110	120	+10
纺织工业	80c+20v	100	20	20	20	120	120	0
食品工业	70c+30v	100	30	20	20	130	120	-10
合　计	240c+60v		60		60	360	360	0

从表 5-3 中可以看出，资本有机构成高的机械工业部门，生产价格高于其价值；资本有机构成低的食品工业部门，生产价格低于其价值；只有资本有机构成中等的纺织工业部门，生产价格才同其价值相等。但从全社会看，平均利润总额等于剩余价值总额，生产价格总额等于价值总额。生产价格与价值尽管有区别，但从各个部门来看，生产价格决定的基础仍然是商品的价值。所以，生产价格无非价值的转化形式。经过这种转化，价值规律发生作用的形式也有了新的变化。市场价格不是以价值为中心而是以生产价格为中心上下波动。

需要指出的是，生产价格同价值的背离以及商品按照生产价格出售并没有否定价值规律，而是价值规律发生作用的体现。这是因为：

首先，价值是生产价格存在的前提，生产价格是资本主义经济发展到一定阶段后的产物。在资本主义初期，由于行会的束缚和经济、技术条件的限制，资本还不能在部门间自由转移，因此还不能形成平均利润率，商品只能按价值出售。近代大工业出现后资本的转移才成为现实，平均利润率才逐渐形成，商品价值才能转化为生产价格。

其次，虽然各个部门的生产价格可能高于或低于商品价值，但整个社会的生产价格与价值总额是相等的；各个生产部门的利润额可能高于或低于本部门工人创造的剩余价值，但整个社会资本家阶层获得的利润总额和工人阶级创造的剩余价值总额必然是相等的。

最后，生产价格的变动归根结底取决于价值的变动，二者的运动方向是一致的。

可见，生产价格的形成并没有否定价值规律，只是使价值规律作用的形式发生了变化，它仍然支配着商品市场价格的变动。

（三）超额利润

这里所说的生产价格是同一部门同种产品的社会生产价格，不是各个企业产品的个别生产价格。社会生产价格是按部门平均生产条件所决定的生产价格，它决定了商品的市场价格。部门内的不同企业，由于各自生产条件、劳动生产率的差别，个别生产价格是各不相同的。那些技术先进、劳动生产率高、经营管理好的企业，商品的个别生产价格低于社会生产价格，就可以获得**超额利润**，即由商品的个别生产价格低于社会生产价格而获得的超过部门平均利润的利润。部门间的竞争使各部门趋向于获得平均利润，部门内部各企业间的竞争则是为了获得超额利润，从而使自己处于更为有利的竞争地位。

（四）平均利润和生产价格理论的意义

马克思的平均利润和生产价格理论科学地解决了劳动价值论同等量资本得到等量利润之间表面上的矛盾，阐明了生产价格只是价值的转化形式，其形成的基础仍然是生产商品所耗费的社会必要劳动时间。这就解决了从价值、剩余价值这些本质范畴上升到更为具体的资本主义经济外部表现的范畴时所遇到的难题，使劳动价值理论和剩余价值理论得到进一步论证。不仅如此，这一理论还揭示出工人不仅遭受本企业资本家的剥削，还遭受整个资产阶级的剥削，表明工人和资本家之间的矛盾斗争不是个别人之间的利益冲突，而是两个阶级之间的阶级对抗。正如马克思所说：资本家在他们的竞争中表现出彼此都是虚伪的兄弟，面对着整个工人阶级却结成真正的共济会团体。[①]无产阶级要争取解放，不能只限于少数人反对个别企业的资本家，必须联合起来，形成无产阶级整个阶级的力量，去反对整个资产阶级，推翻资本主义制度。

第二节　商业资本与利润

一、商业资本

（一）商业资本的形成

商业资本是指投放到流通领域中，用于商品买卖活动，以获取商业利润为目的的资本形式。资本主义社会的商业资本是从产业资本循环的过程中分离出来的一个独立部分，即商品资本的独立化。产业资本在其循环运动中，要不断地有部分资本处于生产领域，采取生产资本的形态；同时要有部分资本处于流通领域，采取货币资本和商品资本的形态。商品资本在这一过程中承担的职能是销售商品，实现价值和剩余价值，具有相对的独立性。这就为商业资本的形成提供了可能性。

商品资本要独立化为商业资本，需要具备一定的条件：

首先，产业资本家和商业资本家要形成分工。在资本主义发展初期，由于生产规模有限，市场范围狭小，产业资本家可以将商品的生产和销售活动集于一身来完成。但随着资本主义生产的发展，市场范围不断扩大，待销售的商品数量日益增加，需要在流通领域投入更多的资本以保证商品的出售。这样生产资本的数量就会受到影响，有时甚至会绝对地减少而导致利润率的下降。这时，能够为其销售商品、专门从事商品买卖活动的商人的存在就成为产业资本家的客观需要。商人作为一种古老的职业早在奴隶社会和封建社会就已经存在了，他们为买卖双方的直接消费提供服务，通过贱买贵卖的方式攫取商业利润。到了资本主义社会，部分旧式的商人逐渐转化为商业资本家，独立承担商品的销售职能并获取商业利润。

其次，商业资本家必须有独立的投资，仅仅有产业资本家和商业资本家的分工还不够。因为如果商品的销售由产业资本家的销售人员来承担，

① 马克思，恩格斯．马克思恩格斯全集：第25卷［M］．中共中央马克思恩格斯列宁斯大林著作编译局，译．北京：人民出版社，1974：220-221.

商品资本还是不能转化为商业资本。商人必须预付一定数量的货币资本向产业资本家购买商品，才能通过商品的售卖取得更多的货币。这样产业资本循环中的W′—G′，就转化为商业资本独立循环的形式：G—W—G′。

（二）商业资本的作用

商品资本独立化为商业资本是资本主义生产发展的必然结果，同时它的出现对资本主义生产的发展起着重要作用。

第一，商业资本的存在有助于提高产业资本家的利润总额。产业资本家把商品销售业务转交给商业资本家就可以集中力量于商品的生产，改进技术，加强管理，提高劳动生产率，从而增加利润量。

第二，商业资本的存在可以节约流通领域的资本。一个商业资本家可以同时为多个产业资本家推销商品，使原来分散的商业活动得以集中起来进行，大大提高了效率。商业资本的周转速度比产业资本的周转速度快，用少量的商业资本就可以为较多的产业资本服务。这样就使社会资本中用于流通过程的资本减少，用于生产过程的资本增加，有利于生产的发展和利润的增加。

第三，商业资本的存在可以缩短流通时间，加快资本周转。由于商业资本家专门从事商品买卖活动，因而他们对市场需求、销售渠道、商品行情等市场状况更加熟悉，因而能够缩短流通时间，加快资本周转，提高利润率。另外，商业资本家可以及时地将商品的售卖情况、市场行情等信息反馈给产业资本家，使他们能够根据市场需求组织生产，减少生产的盲目性。

商业资本有不利于资本主义生产的消极作用。如果商业资本过分膨胀超过社会的必要限度，就会影响生产领域的资本投入量，造成社会资本的浪费，降低利润率。商业资本家的囤积居奇、倒买倒卖等行为会造成虚假的市场需求，刺激生产盲目扩大，从而加剧生产和消费的矛盾，加速经济危机的到来。

二、商业利润与商业形式

（一）商业利润的来源

商业资本家帮助产业资本家销售商品自然要参与利润的分配，并且要获得平均利润。如果商业利润低于平均利润，商业资本家就会把资本转移到产业部门；同样，如果商业利润高于平均利润，产业资本也会转移到商业部门。商业部门和产业部门之间存在竞争，所以商业资本也参与利润平均化过程，获取平均利润。

商业利润是如何获得的呢？让我们举例说明。

假定全社会预付的产业资本为900亿元，其中，不变资本为720亿元，可变资本为180亿元，剩余价值率为100%，不变资本的价值全部转移。

1年内生产出的商品价格总额w=720c+180v+180m=1 080（亿元）

利润率是20%。现在有商业资本投入100亿元，此时：

社会平均利润率=180÷（900+100）×100%=18%

按照这个利润率，则有：

产业利润=900×18%=162（亿元）

商业利润=100×18%=18（亿元）

产业资本家按照1 062亿元（900+162）的价格把产品卖给商业资本家，商业资本家则按照1 080亿元（1 062+18）的生产价格出售给消费者，从中获得18亿元的商业利润。商业资本家参加剩余价值的分配后，生产价格的公式变为：

生产价格=成本价格（k）+产业利润（p）+商业利润（h）

商业资本是用于流通领域的资本，不创造任何价值和剩余价值。商业利润不过是商业资本家分享的产业利润的一部分，其实现方式是商品加价，即产业资本家按低于商品生产价格的价格出售商品给商业资本家，商业资本家再按生产价格把商品卖给消费者，商业资本家从这种价格差额中获得商业利润。可见，商业利润本质上就是产业资本家转让给商业资本家的由产业工人创造的剩余价值的一部分，它是商业资本家占有剩余价值的形式。

由于商业资本参与了剩余价值的分配，因而降低了社会总资本的平均利润率。商业资本在社会总资本中所占比例越大，平均利润率就越低。这种情况对产业资本家似乎是不利的，实际上却并非如此。即使没有商业资本，产业资本家也要投入资本用于商品的销售，这笔资本或者来自借贷资本，或者来自于生产资本，其结果都会使利润率降低得更多。商业资本的加入会减少用于流通过程的资本额，使平均利润率保持在一个较高的水平上，反而对产业资本家更为有利。为此，产业资本家就要拿出一部分利润给商业资本家，商业资本家按其资本数量在社会总资本中所占的比例取得平均利润，这样产业工人创造的剩余价值的一部分就转归商业资本家所有了。

（二）商业流通费用及其补偿

商业资本家从事商业活动，除了要预付一定量的资本购买商品外，还要支付各种费用，这些费用就是商业流通费用。商业流通费用可分为生产性流通费用和纯粹流通费用。前者是由商品使用价值的运动引起的费用，如保管费、运输费、包装费等，这些费用是生产过程在流通领域的延续而产生的费用。后者是由商品价值形式变化所发生的费用，即在商品变为货币、货币变为商品的单纯的买卖过程中发生的费用，如商业店铺的建设费、设备费、广告费、办公费等。

从事商品的保管、运输和包装的劳动属于生产性劳动，其不仅能把消耗掉的物质资料的价值转移到商品中去，还能创造新价值。因此，生产性流通费用增加商品的价值，它会随着商品的售卖从商品价值中得到补偿，并使商业资本家获得平均利润。纯粹流通费用属于非生产性支出，不能增加商品价值，它的补偿方式只能是对剩余价值的扣除。生产性流通费用和纯粹流通费用作为预付资本要参加利润的分配，取得相应的平均利润。

下面仍以前例来说明纯粹流通费用的补偿。假定纯粹流通费用是50元，那么在产业工人创造的180元的剩余价值中，先要扣除这50元进行补偿，剩余部分才能由产业资本家和商业资本家按资本量来分配。

平均利润率=（180−50）÷（900+100+50）×100%=12.38%

产业资本家把商品按照1 011.42元（900+900×12.38%）的价格卖给商业资本家，商业资本家再按照1 079.99元（1 011.42+150×12.38%+50）的价格把商品卖给消费者。

（三）资本主义商业形式

随着资本主义经济的发展，商业内部的分工和专业化程度不断提高，出现了各种商业形式和商品买卖方式。

1.批发商业

它是按照批发价格经营大宗商品买卖的商业，是资本家相互之间采取的商业形式。批发商通常不和消费者直接打交道，因为他们从事的是大宗商品交易。他们向产业资本家批量购买商品后出售给其他产业资本家或零售商人。一般的批发商业只经营某一类商品，如粮食、棉花、木材、煤炭等。

批发商业的交易方式发展到今天已经演变为货样交易，即无须搬运商品，只看样品双方就可以签订合同，完成交易。这种交易方式使得商品买卖行为同商品本身的运动相互分离开来。在资本主义国家，大宗商品的货样交易是在一种特殊的市场——商品交易所内进行的。交易所的交易分为现货交易和期货交易。现货交易是买卖双方成交后，立即完成交货和付款。期货交易则是在成交后，经过一段时间卖方才按照合约规定将商品交付给买者，交货时间晚于成交时间。显然，期货交易为商业投机行为提供了有利条件。进行期货交易的双方并不真正买卖商品，而是把期货合同本身作为交易对象，以价格变动的预测做赌注进行投机交易以获取暴利。这种投机行为通常被叫作“买空卖空”。但期货交易也为现货交易提供了回避价格风险的机会，同时对市场价格的形成产生影响。

2.零售商业

它是按照零售价格把商品出售给直接消费者的商业形式，通过这种形式商品从流通领域进入消费领域。零售商业的具体形式很多，人们常见的连锁商店、百货公司、超级市场、专营店、商品邮购、网上购物等都属于这种形式。当代发展零售商业对于社会生产和市场经济都具有重要意义，因为零售商掌握了大量市场信息，在很大程度上影响了生产者的决策方向，并促使生产者围绕市场信息而不是原材料状况去组织生产。零售商业在资本主义市场经济中占有日益重要的地位。

第三节　借贷资本与利息

一、借贷资本

（一）借贷资本的形成

借贷资本是指货币资本所有者为了取得利息而贷给职能资本家使用的货币资本。它的形成同资本主义再生产的循环过程有着密切的关系。在资本主义再生产的循环过程中，产业资本或者商业资本往往会有暂时闲置的货币资本，这就成为借贷资本的主要来源。这些资本包括：

（1）固定资本折旧费。固定资本在更新前会有一部分已经提取的折旧费处于闲置状态。

（2）尚未立即购买而暂时闲置的流动资本。

（3）积累起来的尚未用于扩大再生产的剩余价值。

这些闲置的资本不能带来剩余价值，这就违背了资本的本性，货币所有者必然要为它们寻找增值的空间。

一方面存在大量闲置资本，另一方面一些资本家常常急需补充货币资本，如大量收购季节性原材料或者支付工资、提前更新固定资本、扩大生产规模等。闲置资本的所有者就可以将这部分资本贷给需要补充货币资本的资本家使用，并在收回时要求使用者支付一笔利息，从而形成了资本家之间的借贷关系。于是，被贷出的暂时闲置的货币资本就从职能资本中分离出来转化为借贷资本。随着借贷资本的形成，出现了专门从事货币资本借贷并从中牟取利息的食利者，即借贷资本家。

（二）借贷资本的特点

作为从职能资本分离出来的一种独立的资本形式，借贷资本具有三个特征：

1.它是商品化的资本

职能资本家支付一定利息就可以获得借贷资本，将其投入到生产过程即可得到剩余价值。像普通商品具有使用价值一样，借贷资本具有能够带来更多价值的特殊使用价值。因此，职能资本家要想拥有其使用价值，就必须为其支付一定的价格，所以，借贷资本所产生的这种交换关系具有一般商品的特点。

2.借贷资本有着特殊的运动形式

G—G′，这是借贷资本的运动形式，它表现为货币直接生出更多的货币。因此，借贷资本是最具拜物教性质的资本。

3.借贷资本具有财产的性质

拥有借贷资本只是占有了一笔财产，可以为持有者带来利息收入。这笔资本只有在职能资本家手里才能真正行使资本的职能。借贷资本家是不直接从事生产的，他们是坐收利息的食利者阶层。

由于借贷资本具有商品的特点，可以进行买卖，因此伴随着资本主义的发展，货币资本借贷普遍市场化，逐渐形成了庞大的货币资本市场。

二、利息和利息率

货币不能自行增值，借贷资本是在贷给职能资本家以后才实现增值的。货币资本的完整的运动形式应该是：

产业资本家取得贷款后，G—G—W…P…W′—G′—G′。这个运动的起始阶段G—G，表示借贷资本家把货币资本贷给产业资本家；中间阶段表示产业资本家从事商品生产和商品流通的过程；最后阶段G′—G′，表示产业资本家归还贷款并从产业利润中拿出一部分支付利息。

商业资本家取得贷款后，G—G—W—G′—G′。这个起始阶段和结束阶段与上一个运动过程是相同的，中间阶段G—W—G′是商业资本家获取商业利润的过程。

可见，借贷资本家得到的价值增值部分，即利息，也是剩余价值的特殊转化形式，它是职能资本家为取得一定时期货币资本的使用权而转让给借贷资本家的一部分剩余价值。

通过借贷资本的运动过程不难发现，利息的本质就是平均利润的一部分。它的出现把平均利润分割为利息和企业利润两部分。这种数量上的分割造成了一种假象。一方面，利息似乎是货币资本所具有的天然属性，而与剩余价值无关。另一方面，职能资本家所取得的企业利润也似乎与雇佣工人创造的剩余价值无关，而是使用资本的结果。这样资本与雇佣劳动的剥削关系就被掩盖了。

在一定时期内，若借贷资本总量既定，则借贷资本家所得到的利息就由利息率决定。**利息率**是利息与借贷资本量的比率，简称利率。其公式为：

利息率=利息/借贷资本量×100%

它表示借贷资本的增值程度。如贷出1 000元，一年取得利息50元，则年利息率为5%。若其他条件不变，利息与利息率成正比。一般情况下，利息率要低于平均利润率；否则，职能资本家会因得不到任何利益而放弃借款。利息率也不能低于零，那样借贷资本家也会因无利可图而拒绝借出资本。因此，利息率的波动范围是在零和平均利润率之间。这反映出在平均利润的分配上，职能资本家和借贷资本家之间存在矛盾。如果平均利润率是固定的，利息率的高低就取决于借贷资本市场的供求关系。供过于求时，利息率就下降；反之，则会上升。当供求平衡时，利息率的变动则由法律和传统习惯规定。

第四节　银行资本与利润

一、银行资本

货币资本的借贷主要是通过银行来进行的。银行是经营货币资本、充当贷款人和借款人信用中介的企业。银行资本由两部分构成：一部分是自有资本，即银行资本家自己垫付的资本，只占银行资本的很小的比例；银行资本的大部分是借入资本，即银行吸收的各种存款，这是银行的主要营业资本。

（一）银行的主要职能

1.充当借贷双方的中介人

通过吸收存款的方式把社会上闲置的货币资本集中起来，再以贷款的方式把货币资本贷给职能资本家使用，成为货币资本的贷者与借者的中介。

2.充当职能资本家收付的中介人

银行接受职能资本家的委托代为收付交易往来的款项、结算业务。

3.发行信用流通凭证

银行在票据流通的基础上发行各种信用凭证，如银行券、支票、信用卡等。

银行的职能是通过银行业务实现的。银行业务分为负债业务和资产业务。负债业务是以吸收存款方式借入资金。资产业务就是发放贷款。

（二）银行存款的主要来源

（1）职能资本家暂时闲置的货币资本。

（2）货币资本家为获取利息存入银行的货币资本。

（3）居民储蓄存款。

（三）银行存款的主要形式

1.票据贴现

票据持有人为融通资金，将未到期的商业票据交给银行兑取现金，叫作票据贴现。票据贴现实际上是银行发放的短期贷款，要按利息率获取相应的利息。

2.抵押贷款和信用贷款

借款人以价值物作为抵押品向银行申请贷款，称为抵押贷款。抵押品可以是商业票据、有价证券、房地产等。借款人到期不归还贷款，银行就有权处置抵押品。信用贷款则不需以抵押品做保证，但利息率较高，且有附加条件。

3.投资业务

这是银行购买有价证券的经营活动。例如，购买股票成为其他企业的股东，购买政府公债、公司债券等形成长期贷款。

二、银行利润

资本家投资于银行和投资于工商业一样，都是为了获取利润。银行利润的来源是存款利息和贷款利息之间的差额。贷款利息一般都高于存款利息，两者间的差额加上其他业务收入，减去经营银行业务的各项费用，剩余的就是银行利润。银行业作为一个独立的部门与工商业之间存在竞争和资本的自由转移，这就决定了银行获得的利润也必须是平均利润；否则，银行资本家就会把资本转移到其他部门。银行利润本质上同样是产业工人创造的剩余价值的一部分。银行资本家通过贷款给职能资本家获取利息的方式参与了剩余价值的瓜分。

银行资本家要想获得银行利润必须依靠银行雇员的劳动。银行雇员的劳动虽然不创造价值和剩余价值，但他们的劳动能为银行资本家取得其应该分得的那部分剩余价值。因此银行雇员的劳动也分为必要劳动和剩余劳动，其在剩余劳动时间内无偿地为银行资本家实现银行利润。

三、资本主义的信用制度

信用作为一种借贷行为，是资本主义商品货币关系发展的产物。它是以归还并支付利息为条件的价值运动的特殊形式。

（一）资本主义的信用形式

1.商业信用

商业信用是指以赊账方式出售商品时买卖双方相互提供的信用。它是职能资本家之间的信用形式。买者购买商品时并未立即支付货币，而是向卖者出具一张延期支付货币的票据，只有到约定的日期，卖者才能取得货币。这实际上是把资本在商品形式上贷放出去，从而把买卖关系变成借贷关系，即债权和债务关系。赊销商品的价格一般要高于现金买卖的价格，其差额就相当于买者向卖者支付的利息。

商业信用的工具是商业票据，可分为期票和汇票两种。期票是债务人向债权人开出的，承诺在一定时期支付款项的凭证。汇票是债权人要求债务人向第三者或持票人支付款项的凭证。商业票据可以在一定范围内流通。

商业信用具有以下特点：

（1）商业信用的对象是商品资本，它是以商品形态提供的信用；

（2）商业信用涉及的债权人和债务人都是从事商品生产或流通的职能资本家；

（3）商业信用受商品使用价值流转方向的限制，某种商品的生产者只能向需要该商品的资本家提供信用。

2.银行信用

银行信用是指银行资本家以贷款的形式提供给职能资本家的信用。

银行信用的特点是：

（1）不受个别资本数量和周转的限制，能够形成巨额资本；

（2）信用对象不是商品资本，而是货币资本，因此不受商品流转方向的限制；

（3）债务人是职能资本家，债权人是货币资本家。

银行信用的上述特点使它突破了商业信用的局限性，扩大了信用的规模和范围。

3.国家信用

国家信用是指国家直接向公众进行的借贷活动。国家信用在国内的基本实现形式是发行公债；在国外则通过向他国提供贷款或投资的方式来实现。

4.消费信用

消费信用是指商店、企业、银行或其他信用机构向缺乏购买力的消费者提供贷款的活动。其主要形式有赊账、分期付款和发放消费信贷等，它是资本家推销商品、扩大销路的一种手段。

在上述几种信用形式中，商业信用和银行信用是最基本的信用形式，其他形式都是在此基础上发展起来的。

（二）信用在资本主义经济中的作用

信用在资本主义经济中有着双重的作用。

一方面，信用促进了资本主义经济的发展，表现在：

第一，信用促进了资本的再分配和利润率的平均化。利润率的平均化是以资本在各部门间的自由转移为条件的。货币形态上的资本更容易实现这种转移。信用制度和银行是实现资本再分配的最灵活的机构。依靠银行的贷款和投资能使资本迅速地由利润率低的部门转向利润率高的部门，因而促进了各部门利润率的平均化。

第二，信用加速了资本周转，节省了流通费用。由于信用的发展使得商品买卖可以采用赊账及消费信贷等方式，从而大大加快了商品流通，缩短了资本周转的时间，节省了与商品流通有关的费用。银行信用还节省了货币流通费用，有助于减少流通中的货币量。

第三，信用促进了资本的集中，加速了资本的积聚。信用是资本集中的强大杠杆，是股份公司发展的前提条件。信用使大资本更容易得到较多的银行贷款，能有力地压倒和吞并中小资本，从而加速了大资本剥夺中小资本的过程。信用能把分散的、闲置的货币资本汇集在一起供资本家使用，从而缩短了个别资本家积累资本所需的时间，在较短的时间内就能扩大资本积累的规模。

另一方面，资本主义信用的发展又加剧了资本主义的基本矛盾和加速了经济危机的爆发。这是因为信用制度的发展，使资本主义生产的规模突破了资本家自有资本的限制而不断扩大，促进了生产的社会化；同时，不断加快的资本集中和积聚，使生产和资本日益集中于少数大资本家手中，这就使资本主义的基本矛盾进一步尖锐。信用还造成了商品的虚假需求，加剧了生产和消费的矛盾，加深了资本主义的经济危机。

第五节　虚拟资本

虚拟资本是以有价证券形式存在的能给持有者带来一定收入的资本，包括债券、股票、不动产抵押单、期权以及各种有价证券的衍生产品。虚拟资本是随着资本主义生产的发展和信用制度的形成而出现的资本形式。

一、股份公司和股票

股份公司是通过发行股票的方式合资经营的企业。它是随着资本主义大工业和信用制度的发展而出现的。股份公司最早产生于17世纪，到19世纪后期得到了广泛发展。现代西方大中型企业多采取股份公司的形式。由于技术进步和资本有机构成的提高，企业规模不断扩大，需要庞大的投资额。企业如果仅仅依靠自身资本积累来扩大资本规模，其过程将会十分缓慢，短期的银行信用也无法满足这一需要，于是出现了通过发行股票筹集资本的企业形式。股份公司的出现是资本主义生产关系内部的一种调整。它意味着单个资本的经营方式转变为联合资本的经营方式，表明资本在形式上发生了变化，即由社会资本代替了单个的私人资本。它虽然没有改变资本主义私有制的性质，但“直接取得了社会资本（那些直接联合起来的个人的资本）的形式，而与私人资本相对立，并且它的企业也表现为社会企业，而与私人企业相对立。这是作为私人财产的资本在资本主义生产方式本身范围内的扬弃”[①]。

股份公司发行的**股票**，是投资入股借以取得股息的凭证。股票持有者成为公司的股东。名义上股东都有权参与企业的管理。定期召开的股东大会是股份公司的最高权力机关，由它讨论决定公司的重大经济活动，并选举董事会负责企业的经营管理，但多数股东实际上并没有决策权。因为每张股票有一份投票权，掌握的股票越多，拥有的投票权就越多，所以股份公司实际上被少数大股东把持，其真正所有者是那些大股东、大资本家。大股东控制公司所需要的股票额叫股票控制额。由于持股人数多，特别是小额股票的发行使得股权更加分散，因此大股东只要掌握公司股票的40%、30%甚至更低就可以控制股份公司。股份公司本质上不过是大资本控制和支配中小资本以及其他阶级货币收入的形式。普通劳动者即使购买了少量股票也不能变成资本家，更不可能改变受剥削的地位。

二、股息和股票价格

股票持有者是股份资本的所有者，有权参与股份公司利润的分配。

---

① 马克思，恩格斯．马克思恩格斯选集：第2卷［M］．中共中央马克思恩格斯列宁斯大林著作编译局，译．北京：人民出版社，1995：516.

股息是股票持有者根据票面额从企业盈利中获得的收入，是剩余价值的一部分。

股东不能退股，只能在股票市场上出卖股票。由于能带来股息收入，它作为特殊商品可以买卖，也有价格。股票的买卖实际上是获取股息的权利的转让。股票价格不是它所代表的实际资本价值的货币表现，而是股息收入的资本化。股票价格相当于这样一笔货币资本，如果用它来生息，每年按照银行存款利息率获得的利息相当于股息收入，这是股票价格的形成基础。股票价格取决于两个因素：股息和银行存款利息率。股票价格与股息成正比，与银行存款利息率成反比。用公式表示为：

$$\text{股票价格}=\frac{\text{股息}}{\text{银行存款利息率}}$$

假定一张面额为100元的股票，一年领取10元股息，当年银行存款利息率为5%，则该股票的价格为200元（10÷5%）。

由于股息率一般高于利息率，故股票价格常高于其票面价值。在股票交易市场往往存在大量的投机行为，因而股票价格大幅波动。影响股票价格涨跌的因素主要有：

（1）股票收益。经营状况好、有发展前途的公司股票对投资者会有更大的吸引力，股票价格必然上涨；反之，发展情况不好的公司的股票价格就会下跌。

（2）政治因素，如政府或国家领导人的更迭、国家经济政策和经济法规的变化、战争等。

（3）经济因素，如经济发展阶段、资本数量、通货膨胀率、失业率等。

（4）心理因素。投资者心理状况的变化会引发投资兴趣的改变。一些偶然发生的事件，甚至传闻和谣言都可能引发抢购或抛售股票的风潮，造成股票价格的大涨大跌。

三、虚拟资本的特点

与现实资本相比，虚拟资本具有如下特点：

1.虚拟性

虚拟资本作为资本的“纸制的复本”在质上不同于真实的资本，它没有价值，而且不在资本主义再生产过程中发挥职能作用。它的运动独立于真实资本之外，其价格的涨跌完全不以它们所代表的真实资本的运动为转移。虚拟资本和资本现实价值增值之间的一切联系都消失了，仿佛它们能自行增值其价值。

2.商品性

虚拟资本具有商品的特点。各种有价证券都可以像商品一样在市场上买卖，它们具有特殊的使用价值，能够为持有人带来超过其面额的更多的价值。人们乐于购买它们看中的就是其特殊的使用价值。然而实质上人们所交换的不过是对剩余价值要求权的凭证。

3.收益性

虚拟资本能够为其所有者带来高于票面价值的价值。虚拟资本的价格有特殊的确定方法。它们的价值或价格只是资本化的收益，是按银行存款利息率换算成的一个幻想的资本的收益。它们的市场价值与名义价值常常是不同的。如果一张股票的面值是100元，企业提供的收益率由5%提高到10%，在其他条件相等时，若银行存款利息率是5%，其价格就会提高到200元，因为按照5%的比率来进行资本化，它代表200元的虚拟资本。用这200元来购买它的人会由这份投资取得5%的所得。如果企业收益减少，结果就会相反。

4.投机性

投机因素在虚拟资本价格的涨跌中起很大的作用，因为它不是由现实的收入而是由预期的收入决定，并且虚拟资本的价格的变化可以在现实资本价值无任何变化的情况下发生，也就是说，其价格变动完全独立于现实资本价值的运动之外。人们购买各种有价证券往往并不是看中其所代表的现实资本的价值，而是通过买卖差额来获取收益。

虚拟资本的存在所引发的纷繁复杂的金融现象和金融活动都是由其上述特点导致的。它不过是社会分配形式发生的新的变化，并没有什么神秘的地方。其实质不过是以各种有价证券的形式来分享剩余价值。社会财富增长的源泉仍然是物质生产部门的劳动者创造的价值和剩余价值，现实资本的运动始终是虚拟资本存在的前提和基础。只要虚拟资本的价值运动与现实资本的价值运动相独立，社会财富总量就不会有丝毫改变，因为就社会而言，虚拟资本不会创造任何价值。

四、虚拟资本对经济的影响

虚拟资本是信用制度发展的必然产物，同时它的存在对经济产生了重要影响。

一方面，虚拟资本的存在有利于吸收社会资金投入生产，扩大生产经营规模，加速资本积累。此外，大资本也可以通过持有股票、债券等途径进一步控制中小资本及部分社会资本，这样可以促进资本集中，提高生产的社会化程度，使资源更加合理地分配。它使资本所有权和使用权进一步分离，形成企业管理的专业队伍，有利于管理水平的提高。

另一方面，虚拟资本也加剧了社会投机，培植了食利者阶层，使社会分配更加不公平，加深了资本主义社会的各种矛盾。此外，由于虚拟资本的市场价格常常高于其所代表的现实资本的市场价格，因而它容易造成社会经济表面繁荣的假象，夸大社会财富的实有量，为生产部门和政府管理机构提供完全错误的信息，从而造成生产盲目扩大，生产和消费的比例关系失衡。一旦虚拟资本造成的经济泡沫破灭，就会导致金融危机乃至经济危机的爆发。世界经济危机的导火线常常是虚拟资本的运动所带来的金融危机。可见，虚拟资本对经济的作用是双重的。

第六节　土地所有制与地租

一、资本主义土地所有制

资本主义土地所有制是从封建土地所有制和小农土地所有制演变而来的，是资本主义生产关系在农村发展的结果。资本主义土地所有制的特点是：第一，土地所有权和使用权相分离。土地所有者不经营土地，而是把土地租给农业资本家，由农业资本家的雇佣工人从事农业生产，所有者本人则凭借土地所有权收取地租。这样就形成了对土地的两种垄断——土地所有权的垄断和土地经营权的垄断。第二，在资本主义农业中出现了三个既相互依存又相互对立的阶级，即土地所有者、农业资本家和农业雇佣工人。地租这一经济现象就反映了土地所有者和农业资本家共同剥削农业雇佣工人的关系。

二、地租

资本主义地租是指农业资本家因租种土地而缴纳给土地所有者的超过平均利润的那部分剩余价值。它有两种基本形式：级差地租和绝对地租，还有垄断地租、矿山地租、建筑地段地租等形式。

（一）级差地租

土地是农业生产的基本生产资料。由于受肥沃程度、地理位置等自然状况的影响，即使其他条件相同，面积相等的土地所能提供的农产品数量也是有差别的。这样，租种不同的土地缴纳的地租量是不一样的。这种与土地的优劣条件相联系的地租，被称为**级差地租**。

级差地租是由农产品个别生产价格低于社会生产价格而形成的超额利润构成的。等量资本投资于生产条件不同的土地，劳动生产率和农业资本家获得的收益是不相等的。投资于生产条件较差的土地，劳动生产率低，产量少，个别生产价格高；投资于生产条件较好的土地，劳动生产率高，产量多，个别生产价格低。农产品和其他商品一样，只能按社会生产价格出售。因此，投资于生产条件好的地块的资本家因其产品的个别生产价格低于社会生产价格而取得超额利润。超额利润为缴纳级差地租提供了条件。

级差地租由于形成的条件不同可分为两种形态，即级差地租Ⅰ和级差地租Ⅱ。级差地租Ⅰ是由于土地肥沃程度不同和地理位置优劣而产生的级差地租。级差地租Ⅱ是由于在同一块土地上连续增加投资的劳动生产率不同而产生的级差地租。

表5-4说明，投入等量资本100元的3块土地，由于肥沃程度不同，产量各不相同。农产品的社会生产价格由劣等地的生产价格决定，因此，除劣等地的收入没有超额利润外，优等地和中等地分别得到了60元和30元的超额利润。这些超额利润便转化为级差地租Ⅰ。

表5-4　　**级差地租Ⅰ**

土地种类	投入资本（元）	平均利润（元）	产量（千克）	个别生产价格（元）		社会生产价格（元）		超额利润（元）	级差地租Ⅰ（元）
				每千克	全部产品	每千克	全部产品		
劣等地	100	20	40	3.0	120	3	120	0	0
中等地	100	20	50	2.4	120	3	150	30	30
优等地	100	20	60	2.0	120	3	180	60	60

在级差地租Ⅱ的形态下，土地位置距市场远近不同，产生的运费不同，农产品的社会生产价格是由位置最远的土地生产的农产品的生产价格决定的。距离市场近的土地由于运费低就可以获得超额利润，这些超额利润也转化为级差地租Ⅰ。

在资本主义初期，级差地租Ⅰ是地租的主要形式。那时荒地多，农业生产技术水平低，只能靠扩大耕地面积、广种薄收的粗放式经营来增加农产品产出数量。随着资本主义农业的发展，可开垦的荒地日益减少，粗放式经营已无法满足对农产品的需求。于是农业生产逐渐转变为集约化经营，即在不增加土地面积的前提下，通过对同一块土地进行连续投资、改善农业生产条件、提高单位面积产量的方式来增加农产品总量，由此产生的超额利润则转化为级差地租Ⅱ。

表5-5说明，在同一块土地上进行第二次、第三次投资后，由于生产条件得到改善，劳动生产率有所提高，因而增加了产量，较第一次投资获得了超额利润120元和30元，这部分超额利润就转化为级差地租Ⅱ。

表5-5 **级差地租Ⅱ**

土地种类	投入资本（元）	平均利润（元）	产量（千克）	个别生产价格（元）		社会生产价格（元）		级差地租（元）
				每千克	全部产品	每千克	全部产品	
劣等地	100	20	40	3.0	120	3	120	0
优等地	100	20	60	2.0	120	3	180	Ⅰ 60
	追加投资100	20	80	1.5	120	3	240	Ⅱ 120
	追加投资100	20	50	2.4	120	3	150	Ⅱ 30

构成级差地租Ⅰ的超额利润，一般都在租约内做了规定，归土地所有者。而构成级差地租Ⅱ的超额利润，在租约期内归农业资本家所有；当租约期满重新签订租约时，土地所有者就会提高地租，将这部分超额利润据为己有。为了争夺这部分超额利润，农业资本家总是力争签订长期租约，以便把追加投资和农业生产技术进步所带来的超额利润在较长期内归自己所有；土地所有者则力求将租约期限定得短些，以便尽快提高地租。这种利益上的矛盾导致农业资本家不愿意进行改进农业生产技术和改良土壤的投资，而是采取尽可能掠夺土地肥力的方法来经营。

级差地租产生的原因是对土地经营权的垄断。和工业部门的生产资料不同，土地是有限的，优等地数量更少。当有限的优等地和中等地被资本家承租经营以后，别人不能再租种同一块土地，这就形成了一种排他性的、对土地经营的垄断。这种垄断限制了资本的自由转移和竞争，使农业中的超额利润能够经常地、稳定地存在，可以形成固定收入。

土地的资本主义经营垄断使得农产品的社会生产价格不能像工业部门那样由中等生产条件决定，而必须由劣等生产条件决定。这是因为，优等地和中等地是有限的，仅仅耕种这些土地不能满足社会对农产品的需求，劣等地也必须投入生产，才能满足社会需求。农产品的社会生产价格如果由中等地决定，经营劣等地的资本家因得不到平均利润而不会投资。但是，劣等地若不投入生产，农产品就会供不应求，市场价格就会上涨，一直上涨到与劣等地的个别生产价格相等，投资于劣等地也能得到平均利润时，资本家才愿意去经营。因此农产品的社会生产价格是由劣等地决定的。经营优等地和中等地的资本家按照社会生产价格出售农产品就可以得到超额利润。这部分超额利润就以级差地租的形式由农业资本家交给土地所有者。

级差地租的源泉是优等地和中等地的农业雇佣工人创造的超额剩余价值。所以，级差地租反映的是农业资本家和土地所有者共同剥削农业雇佣工人的关系。

（二）绝对地租

租种优等地和中等地的农业资本家要向土地所有者缴纳级差地租，租种劣等地的农业资本家是不是就不需要缴纳任何地租了呢？当然不是。由于在资本主义社会土地是私有的，因此租种任何土地都是要缴纳地租的。租种任何土地都必须缴纳给土地所有者的地租，叫作**绝对地租**。

那么绝对地租是如何产生的呢？为什么劣等地也要缴纳绝对地租呢？在资本主义发展的过程中，农业部门的生产技术长期以来一直落后于工业部门，所以农业资本有机构成低于工业资本有机构成。资本有机构成低，可变资本所占比重大，在剩余价值率相同的条件下，等量资本能够带来更多的剩余价值，农产品的价值就高于社会生产价格。农产品按照价值出售，其价值高于其生产价格的部分就成为绝对地租的来源。这样，农业资本有机构成低于社会平均资本有机构成就成为绝对地租产生的条件。

为什么农产品不是按照生产价格出售，而是按照高于生产价格的价值出售呢？这是由于土地私有权的存在阻碍了资本在部门间的自由转移。在工业中，部门间的竞争及资本自由转移的结果使利润趋向于平均化，工业产品只能按照生产价格出售。而农业则不同，土地私有权的垄断使其他部门的资本不能自由地转向农业部门，农产品价值高于社会生产价格的部分没有参加利润平均化过程，超过平均利润的那部分剩余价值被截留在农业内部了。农产品不是按照生产价格出售的，而是按照价值出售。农产品价值高于生产价格的部分，就转化为绝对地租，被土地所有者占有。所以，绝对地租产生的原因是土地私有权的垄断。

农业资本有机构成低于工业资本有机构成，因而农业可以比工业多得剩余价值20元。但由于土地私有权的存在，这部分剩余价值并没有被平均掉，而是留在了农业部门。如表5-6所示，工业产品按照120元的社会生产价格出售，而农产品仍按140元的价值出售，这个差额就作为绝对地租留在农业内部并交给土地所有者。绝对地租的源泉仍然是农业雇佣工人创造的剩余价值。

表5-6 **绝对地租**

生产部门	资本有机构成	剩余价值（元）（m′=100%）	部门利润率（%）	平均利润率（%）	平均利润（元）	产品价值（元）	产品社会生产价格（元）	绝对地租（元）
工业	80c+20v	20	20	20	20	120	120	0
农业	60c+40v	40	40	20	20	140	120	20

随着科学技术的发展，当代资本主义社会的农业资本有机构成已经等于甚至高于工业资本有机构成，也就是说绝对地租产生的条件已经不存在了，绝对地租是否会消失呢？不会。只要存在土地私有权，就会有绝对地租。在这种情况下，绝对地租不再来自农产品价值高于社会生产价格的部分，而是来自农产品的垄断价格或者来自农业资本家的平均利润和农业雇佣工人工资的扣除。土地私有权的存在使农产品的售卖价格高于价值或社会生产价格，加价部分完全由农产品的购买者支付，这实际上是对社会剩余价值的扣除。发达国家为了扶持本国农业的发展大多对农产品实行所谓“价格支持政策”。如对农产品出口给予高额补贴、以保护价收购过剩农产品等政策的实施都为绝对地租的形成提供了支持。这表明资本主义国家为

保护土地所有者的利益，通过财政再分配的手段把一部分国民收入作为地租转入土地所有者手中。

（三）垄断地租、矿山地租和建筑地段地租

垄断地租是指由垄断价格产生的超额利润转化而成的地租。垄断地租只存在于少数自然条件特殊的土地上。这些土地能生产出稀有名贵的产品，社会需求强烈，购买者愿意支付较高的价格，因而能够按高于社会生产价格和价值的垄断价格出售，获得超额利润。这部分超额利润就作为地租缴纳给土地所有者。

矿山地租是工业资本家为开采矿藏而缴纳给矿山土地所有者的地租。它包括级差地租、绝对地租和垄断地租三种形式。

建筑地段地租是资本家为建造住宅、工厂、商店、仓库或其他建筑物而租用土地时缴纳给土地所有者的地租。建筑地段地租的显著特征是，土地的地理位置起决定作用。建筑用地的位置离城市越近，特别是大城市中心的繁华地区，地租就越高。随着城市人口大量增长和工商业的发展，对城市建筑用地的需求日益增加，因此，土地所有者就会提高建筑地段的地租，从而获得大量的垄断地租。

三、土地价格

土地不是劳动产品，没有价值，但可作为商品被买卖，也就有了价格。土地价格和股票价格相类似，股票价格是资本化的股息，土地价格是资本化的地租，即土地价格相当于能够取得地租收入的货币资本。把这笔货币资本存入银行每年所得的利息，等于购买这块土地后将其出租每年所获得的地租。所以土地价格取决于两个因素：地租和银行存款利息率。地租越高，土地价格就越高，优等地的价格总是要高于劣等地的价格。土地价格与地租成正比例，与银行利息率成反比例。土地价格用公式表示为：

$$土地价格=\frac{地租}{银行利息率}$$

例如，某块土地一年能收入地租200元，当银行存款年利息率为5%时，这块土地的价格就是4 000元（200÷5%）。如果银行存款利息率涨到10%，则这块土地的价格会降为2 000元。

在资本主义制度下，土地价格有提高的趋势。这是因为，一方面，地

租有上涨的趋势；另一方面，平均利润率有下降的趋势，从而使得银行存款利息率也有下降的趋势。这样一来，即使地租量不变，土地价格也会提高。

资本主义地租和地价的上涨会推高农产品的价格，增加资本家购买劳动力和原料的成本支出，也会增加购买土地的资本支出。同时，劳动者购买农产品和支付房租的负担也会不断加重。地租和地价的上涨，表明土地所有者对劳动人民的剥削日益加深，也表明土地所有者和资本家之间存在经济利益上的对立。

随着农业生产的现代化，发达国家的土地所有权和经营方式都发生了一些新的变化。

一是土地租赁范围不断缩小，与此相应，阶级结构和经营方式也发生很大变化。自有土地和家庭农场占有较大比例；在美国、法国等农业发达国，2/3以上的农场主既是土地所有者，又是农业生产者和经营者，这些国家的农业人口和农业劳动力占全部总人口的比例都很低；原来占主导地位的租佃雇工方式已发展为租佃雇工、租佃自耕、自有雇工、自有自耕等多种经营方式。

二是农业生产的社会化程度和生产力水平都较高。由于小农场受到排挤，生产和资本日益集中于少数大农场。农业以社会化大生产为基础，已逐渐发展成为技术、知识密集型的产业。

三是资本垄断与土地所有权垄断相互融合。金融资本通过持股、优惠贷款等手段控制农业，大农场也通过购买股票融入银行、保险公司和其他公司。

四是为扶持和保护本国农业的发展，资本主义国家实施各种支持和干预农业经济的政策，有力地促进了农业的发展。

尽管资本主义土地所有权和经营方式发生了上述诸多变化，但是资本主义土地私有制和地租的性质仍然没有改变，农业中的生产关系的性质也未改变。地租的源泉仍旧是农业雇佣工人的剩余劳动，土地所有者对农业雇佣工人存在剥削。只有彻底废除土地私有制，地租才能消失，劳动者才能真正成为土地的主人。

以上分析表明，利润（包括产业利润、商业利润、银行利润）、利息、股息、地租等名称和形式虽然不同，但是它们的实质都是物质生产部门的雇佣工人创造的剩余价值。整个资本主义社会的财富分配过程都是围绕着各个资本家集团瓜分和占有剩余价值而展开的。从分配形式上看，资本所有者获得利润或利息，土地所有者获得地租，劳动者获得工资，资产阶级庸俗经济学家由此提出资本创造利润（利息）、土地创造地租、劳动创造工资的被马克思称为“三位一体”的公式，宣称资本、土地、劳动三种要素都创造价值，因而按照这三种要素来分配三种收入是合理的、公正的，资本主义制度不存在剥削。

正如马克思所揭示的，资本-利润、土地-地租、劳动-工资这个“三位一体”公式的错误就在于混淆了社会经济的现象和本质，混淆了价值创造和价值分配的关系，掩盖了新价值的真正来源。利润、地租是表面现象，剩余价值是它们的共同本质；工资是现象，劳动力价值是其本质。分配关系的本质不过是生产资料所有制在经济上的实现。生产资料所有制的性质决定分配关系的本质。资本和土地所有者之所以能够获得利润和地租，是因为他们占有生产资料，并非因为生产资料本身也能创造价值和剩余价值。资本的物质形态和土地等生产要素是生产使用价值不可缺少的条件，使用价值是价值的物质承担者，但是价值的唯一的源泉却是雇佣工人的劳动。

复习思考题

1.平均利润率是怎样形成的?

2.假定全社会预付的产业资本为800万元，其中，不变资本600万元，可变资本200万元；剩余价值率为100%；不变资本1年内全部转移。现有某商业资本家独立投资200万元用于商品销售。试计算产业利润和商业利润。

3.借贷资本的本质是什么?

4.银行利润是怎样形成的?

5.有一张面值为100元的股票，若企业提供的收益率由5%降为3%，同期银行存款利息率是5%，那么这张股票的市场价格是多少?

6.级差地租和绝对地租各自产生的原因、条件和源泉是什么?

[第六章]

国家垄断资本主义的演化

资本主义经济制度的发展经历了两个历史阶段：自由竞争资本主义和垄断资本主义。19世纪70年代到20世纪初期，主要资本主义国家进入到垄断资本主义阶段。第二次世界大战后，国家垄断资本主义得到了广泛发展，在资本主义国家经济生活中起着日益重要的支配作用，成为当代资本主义最重要的经济特征。本章着重考察自由竞争资本主义发展到垄断和国家垄断的必然性、国家垄断资木主义的形式和发展，以及资本主义经济制度的历史过渡性。

第一节　自由竞争资本主义向垄断资本主义的转变

一、垄断的形成

（一）生产和资本的集中

1.资本主义自由竞争的结果，必然导致生产和资本的集中

第五章已分析过，资本家只有使商品的个别生产价格低于社会生产价格从而获得超额利润，才能在激烈的竞争中处于有利地位。为此，企业就必须想方设法改进生产技术，提高劳动生产率，扩大生产规模，降低生产成本。竞争的结果总是少数大企业战胜多数中小企业，大资本吞并中小资本，使生产逐渐集中于大企业手中。因此可以说资本主义以追求超额利润为目标的自由竞争机制本身会自发地引起生产和资本集中的趋势。

2.资本主义信用制度的发展和股份公司的产生加速了生产的集中

资本家如果单纯依靠自身的资本积累来增大资本量，那将是一个十分缓慢的过程。信用的发展恰好解决了这个问题，它的出现无疑会提高大资本的竞争能力，从而加快“大鱼吃小鱼”的过程。在自由竞争的过程中，大企业更容易取得银行贷款的支持，因而能够有条件采用先进技术和设备，形成规模化经营，大幅降低生产成本，击败竞争对手。相对来说，中小企业就很难得到银行信用的支持，在竞争中处于极为不利的地位。另外，信用制度催生了股份公司。股份公司通过发行股票的方式把全社会的资本都集中起来，短时间内迅速形成巨额资本，加速了资本集中。

3.经济危机的爆发促进了生产集中

从19世纪70年代到20世纪初，资本主义世界连续发生了5次经济危机，造成大批中小企业破产，随之带来规模巨大的企业兼并与收购浪潮，极大地推动了生产迅速向大企业集中的过程。

（二）垄断和垄断组织

列宁指出：“自由竞争引起生产集中，而生产集中发展到一定阶段，就会引起垄断。”[①]可见，垄断是自由竞争发展的必然结果。**垄断**是指少数资本主义大企业为获取高额垄断利润而联合起来，控制和独占一个或几个部门的产品生产和销售市场。垄断是垄断资本主义阶段的主要标志和基本经济现象。

是什么原因使生产集中到一定程度就会产生垄断呢？当一个部门的大部分生产和销售被少数几个或几十个大企业所控制时，资本少的单个中小企业难以同它们竞争，再加上这些大企业实力相当，相互比较容易达成协议，这就为垄断提供了可能性。同时，大企业之间为避免在竞争中两败俱伤，更容易彼此妥协，暂时达成协议联合起来控制生产和销售，这就形成了垄断。

垄断形成的同时，出现了垄断组织。它是若干资本主义大企业的联盟，目的在于共同控制一个或几个部门的生产和销售，以便获取垄断利润。其主要形式有：

1.卡特尔

这是生产同类商品的大企业通过签订各种协定组成的垄断联盟。它通

---

① 列宁．列宁选集：第2卷［M］．中共中央马克思恩格斯列宁斯大林著作编译局，译．北京：人民出版社，1972：743.

过划分销售区、规定商品产量、确定销售价格等办法来保证企业获得垄断利润。这种协议虽然对参加的企业有一定的约束力，但各企业在生产上、商业上和法律上仍然是独立的。它是一种初级的垄断组织，很不稳定。

2.辛迪加

参加辛迪加的企业在生产和法律上仍保持独立性，但丧失了商业上的独立性。原材料采购和商品销售业务由专门的办事机构统一办理。它比卡特尔有了较大的稳定性。

3.托拉斯

这是指由生产同类商品或者与该商品有密切联系的许多大企业组成的企业联合体。它本身就是一个巨大的股份制企业，由董事会掌握企业的一切生产经营活动，参加的企业则完全丧失了独立性，而变成了其中的一个股东。托拉斯由于联合众多大企业，汇集了巨额资本，拥有雄厚的经济实力，在竞争中不易被击败。所以，它是比较稳定、高级的垄断组织。

4.康采恩

它是出现较晚但更为复杂的一种高级垄断组织形式。其以一两个实力强大的垄断企业为核心，把不同部门、行业的大企业联合起来组成垄断集团，居于统治地位的通常是作为核心的大的工业企业或大银行。随着垄断资本主义的发展，第二次世界大战后，康采恩日益成为最重要的垄断组织形式。

二、垄断资本主义的基本经济特征

（一）垄断在经济生活中占统治地位

垄断的出现及占据统治地位，是生产关系在资本主义私有制范围内的重大变化，必然导致经济领域产生一系列新的特征。

1.垄断利润

垄断利润是指垄断资本家凭借其在生产和流通中的垄断地位而获得的大大超过平均利润的高额利润。垄断统治的目的就在于获取高额垄断利润。追求垄断利润是剩余价值规律在垄断资本主义阶段的具体表现形式。垄断利润的源泉仍然是工人阶级创造的剩余价值。

获得垄断利润的途径有：

（1）本国劳动人民创造的剩余价值；

（2）垄断组织通过垄断价格掠夺非垄断企业的一部分利润；

（3）通过资本输出和商品输出掠夺国外人民；

（4）国家利用财政和货币政策进行有利于垄断资本的再分配。

2.垄断价格

垄断利润是通过垄断价格来实现的。

垄断价格是指垄断组织在销售商品或购买生产资料时，凭借垄断地位规定的能够保证获得垄断利润的市场价格。垄断价格可分为垄断高价和垄断低价。垄断高价是垄断组织在销售商品时规定的大大超过商品价值和生产价格的垄断价格；垄断低价是垄断组织在向非垄断企业或小生产者购买原材料和其他初级产品时规定的低于商品价值和生产价格的垄断价格。

垄断价格的基础仍然是商品的价值，全社会的商品价格总额仍然等于商品的价值总和。这表明在垄断阶段价值规律仍然发挥作用，只是表现形式发生了新的变化，大部分商品的市场价格采取了垄断价格的形式。因此，垄断价格的出现没有否定价值规律。

3.垄断和竞争

垄断的出现并没有消除竞争，只是使竞争具有不同于自由竞争阶段的新特点。垄断阶段的竞争包括：垄断组织内部的竞争、垄断组织之间的竞争、垄断组织与非垄断组织之间的竞争。

自由竞争阶段和垄断阶段的竞争的区别为：

（1）竞争的目的不同。

在自由竞争时期，竞争的目的是取得平均利润和超额利润；在垄断时期，竞争的目的则是攫取高额垄断利润。

（2）竞争的手段不同。

在自由竞争阶段，企业主要是通过改进技术、提高劳动生产率、降低成本等方法取得优势。到了垄断阶段，竞争手段更加多样化了。除了继续使用上述手段外，垄断组织还会凭借强大的经济、政治力量，通过各种强制手段打击竞争对手。

（3）竞争的激烈程度和后果不同。

在自由竞争阶段，由于企业规模小、力量分散，竞争的激烈程度有限；在垄断时期，竞争的双方都是实力雄厚的垄断组织，因此竞争更加剧烈，竞争带来的破坏性更强。

(4) 竞争的范围不同。

在自由竞争时期，竞争的场所主要是国内市场，范围比较小；在垄断时期，竞争的范围扩展到国际市场，而且在经济、政治、军事、文化等领域都展开了激烈的竞争。

(二) 金融资本和金融寡头的统治

在工业资本集中的同时，银行资本也形成了集中和垄断，并且工业垄断资本和银行垄断资本逐渐融合起来，出现了一种新的资本形态，即**金融资本**。金融资本形成的途径主要是大工业企业和大银行相互间的直接投资。银行通过贷款、购买股票、创办企业的方式控制和支配工业企业；工业企业也可采取购买银行股票、创办银行等手段控制银行。在资本融合的基础上，双方进一步实现人事结合，互派代理人担任企业要职。这样金融资本就成为既控制生产又控制流通的万能垄断者。

在金融资本形成的过程中，产生了金融寡头。所谓**金融寡头**是指掌握着金融资本、控制国民经济命脉和国家政权的垄断资本家或垄断资本家集团。金融寡头通过“参与制”来实现其经济上的统治。“参与制”是指通过掌握一定数量的股票来控制其他企业的形式。借助这种层层“参与”的方式，金融资本可以支配比自有资本大几十倍甚至上百倍的资本量。在政治上，金融寡头采取“个人联合”的办法委派自己的代理人担任政府要职，收买政府高级官员和国会议员，聘请政府要员到公司担任高级职务等。此外，金融寡头还建立各种咨询机构和政策研究机构，控制报纸、书刊、通信、广播、电视等媒体，对上层建筑和社会生活的各个方面施加影响，从而成为资本主义国家真正的统治者。

(三) 资本输出具有特别重要的意义

垄断资本通过垄断价格获得高额垄断利润，积累了大量货币资本。国内的投资场所有限，无法满足资本增值的需要，必须把过剩资本输出到国外去才能获得高额利润。

资本输出也有助于金融寡头控制商品销售市场和原料来源。垄断造成的大规模生产使商品销售和原料供给成为突出的问题，为此展开的国际竞争日益加剧。资本输出可以绕过关税壁垒，直接投资办厂，就地生产和销售，迅速占领和垄断市场。发达国家将资本输出到落后国家去开发资源就可以为原料供应提供稳定的来源，从而保障生产的顺利进行和利润的实现。

按照资本输出的职能，可分为借贷资本的输出和生产资本的输出。前者是资本主义国家政府、银行或企业将货币资本贷给外国政府、银行或企业。后者是在国外直接投资开办工厂、银行、矿山等企业。

按照资本输出的主体，可分为私人资本输出和国家资本输出。前者是私人资本家向外国贷款或直接投资；后者是由资本主义国家的政府机构向外国提供贷款或投资。

无论哪种形式的资本输出，其实质都是金融资本掠夺、剥削和奴役其他国家人民的重要手段，是金融资本统治世界的工具。当然，在客观上，资本输出对输入国的商品经济的发展以及世界范围内科技、文化的交流起到了一定的促进作用。

（四）国际垄断同盟在经济上瓜分世界

国际垄断同盟是指资本主义各国最大的垄断组织，通过协定而结成的国际性垄断经济联盟。随着资本输出规模的扩张，各国垄断资本在世界范围内争夺商品销售市场、原料产地和有利的投资场所的竞争日趋激烈。为避免两败俱伤，造成巨大损失，各国垄断组织间取得暂时的妥协。为保证获得垄断利润，通过签订各种国际性的协定或条约，划分世界市场范围，在经济上瓜分世界。国际垄断同盟的建立，标志着资本主义生产集中和垄断达到了更高的程度，列宁把它称为“超级垄断”。

（五）资本主义列强瓜分世界领土的斗争

国际垄断同盟在经济上瓜分世界，必然导致从领土上瓜分世界，即占领殖民地。进入垄断资本主义阶段，世界领土已被分割完毕。为保证垄断资本的经济利益，各帝国主义国家在世界范围内开展了建立殖民地的竞争，甚至不惜发动战争。两次世界大战就是由垄断资本主义争夺世界霸权和重新瓜分世界引起的。其结果是帝国主义国家按照各自的实力将世界领土重新分割，从而在世界范围内形成了帝国主义的殖民体系。整个世界被分成两个部分：一部分是垄断资本主义国家和宗主国；另一部分则是殖民地、半殖民地和附属国。由此可见，垄断资本主义的本性就是掠夺和侵略。

第二次世界大战后，垄断资本主义的基本经济特征发生了一些新的变化。这些变化主要表现在：

（1）垄断资本的统治不断加强，出现了“混合联合公司”这样一种跨部门的、多样化经营的新型垄断组织。

（2）金融寡头的实力不断增强，各国垄断财团不仅加强了对国内经济、政治的控制，并且其活动进一步国际化。

（3）资本输出的流向由落后国家和殖民地转向发达国家，国家资本输出的地位越来越重要。

（4）跨国公司成为垄断组织在经济上分割世界的主要形式。

（5）以经济渗透的方式控制和掠夺发展中国家的“新殖民主义”取代了以瓜分领土为特征的“旧殖民主义”。

这些新特点都是列宁所概括的基本特征的扩大和发展，是垄断资本主义在新的历史条件下新的表现形式，并没有改变垄断资本主义的经济实质。

三、垄断资本主义的经济实质

通过对垄断资本主义经济特征的考察，不难看出，垄断是资本主义发展到垄断阶段后最本质的、有决定意义的经济关系。

首先，垄断在经济生活中取得统治地位是资本主义进入垄断阶段的标志。追求高额垄断利润是资本主义在这一阶段上经济、政治、社会生活各方面最深刻的经济根源。

其次，垄断是上述五个基本经济特征中最根本的特征和共同基础，是资本主义国家国内和国际生产关系的实质。

最后，垄断不仅没有消除资本主义的基本矛盾，反而加深了原有的各种矛盾。垄断极大地提高了生产的社会化程度，从而使生产社会化和资本主义私人占有制之间的矛盾更加尖锐。垄断统治还产生了一些新的矛盾，如帝国主义同殖民地、附属国之间的矛盾；垄断资本主义国家之间、垄断组织之间、垄断组织同非垄断组织之间的矛盾等。这表明垄断统治使资本主义的各种矛盾进一步发展和尖锐化。

可见，垄断是帝国主义国家经济生活和社会生活的基础。正如列宁所说：“垄断代替自由竞争，是帝国主义的根本经济特征，是帝国主义的实质。”①

第二节　国家垄断资本主义

一、国家垄断资本主义的形成和发展

国家垄断资本主义是资产阶级国家同私人垄断资本相结合的一种垄断资本主义形式。早在垄断阶段的初期，国家垄断资本主义就已经出现了，但那时它在资本主义经济中的作用还不十分显著。随着资本主义生产力和生产关系间矛盾的深化，国家垄断资本主义在调节资本主义经济方面发挥出日益重要的作用。

（一）国家垄断资本主义的发展历程

国家垄断资本主义的产生和发展可以分为三个阶段：

第一个阶段是国家垄断资本主义初步形成时期。第一次世界大战期间，出于应对战争的需要，各参战国普遍加强了国家对经济的干预和调节。这一时期，德国、俄国、美国等资本主义国家都实施了铁路、兵工生产等与战争密切相关部门的国有化政策。这是资本主义国家和私人垄断资本的最早结合。战争结束后，又恢复到私人垄断的形式。可见当时的国家垄断资本主义具有暂时性和军事性的特点。

第二个阶段是20世纪30年代资本主义经济危机时期。这场严重的经济危机重创了资本主义制度，给资本主义各国经济造成极大的破坏。为摆脱危机挽救资本主义制度，资本主义国家普遍采取措施对经济进行管制和调节。美国推行的“罗斯福新政”通过财政政策、货币政策等手段帮助垄断资产阶级走出困境。英、法等国实行了国有化。垄断资本与国家更加紧密地结合起来，促进了国家垄断资本主义的迅速发展。当危机过去后，私人垄断资本又得到恢复和发展。所以，直到第二次世界大战前国家垄断资本主义的发展仍是不稳定的。

第三个阶段是20世纪50年代以来国家垄断资本主义获得了持久、稳定的发展，并在经济生活中逐步占据支配地位。国家对经济的干预和调节

---

① 列宁．列宁选集：第2卷［M］．中共中央马克思恩格斯列宁斯大林著作编译局，译．北京：人民出版社，1972：883．

已经成为资本主义经济运行的内在机制。以财政支出为例，目前发达资本主义国家的财政支出已占到国民生产总值的30%~40%，且主要用于社会资本再生产过程和宏观调控。这说明国家垄断资本主义已经成为垄断资本主义经济的重要组成部分。

国家垄断资本主义在第二次世界大战后获得了迅速而持续的发展。到1972年，英国、法国、意大利、奥地利、联邦德国这几个国家的国有企业占本国社会资本总额的比重分别为33%、20%、30%、35%、30%。20世纪80年代初期，日本国有经济的比重达到35%，美国达到10%左右，法国曾一度占到40%。即使80年代资本主义国家出现“私有化浪潮”后，法国国有企业的产值到1990年仍占国内生产总值的18%，投资额占全国总投资额的27.5%，出口额占全国出口总额的25%。这表明国家对整个资本主义经济具有强大的干预能力，这是国家垄断资本主义得到加强的体现。

（二）第二次世界大战后国家垄断资本主义发展的必然性

从根本上说，第二次世界大战后国家垄断资本主义空前广泛发展既是资本主义基本矛盾深化的表现，也是矛盾深化的结果。这些矛盾表现在：

1.私人垄断资本追求高额垄断利润与垄断利润实现之间的矛盾

第三次科学技术革命的兴起推动了社会生产力的迅猛发展，社会产品大幅度增加。大量商品的堆积与国内市场日益狭小的矛盾变得尖锐起来。私人垄断资本只有借助国家的力量进行干预才能开拓国内外市场，刺激需求增长，为垄断利润的实现提供保障。

2.产业结构的提升与巨额投资之间的矛盾

科技革命的发展客观上要求对传统的产业结构进行调整。一方面，新兴工业部门的建立需要巨额资本的投入，而且风险较大，私人垄断资本是无力承担的。另一方面，对传统工业部门的技术改造和大规模设备更新也要大量资本投入。由于利润率低，资本有限，私人资本不愿意投入。产业结构的调整是提高整个社会生产力、使垄断资本能够获得超额利润的必由之路。这就需要资本主义国家承担起相应的职能。

3.社会化大生产与私人垄断资本分散生产之间的矛盾

科学技术的发展使生产的社会化程度日益提高，客观上要求社会生产各部门的比例和结构要协调、均衡。而私人垄断资本的生产无政府状态常常破坏了应有的比例关系，使资本主义的再生产过程出现困难，甚至发生经济危机。国家只有以“总资本家”的身份从社会生产的总体需求上进行调节，才有可能使社会再生产过程顺利进行。

4.科学技术的研究与开发和私人垄断资本能力有限之间的矛盾

当代一些庞大的科学研究项目常常需要耗费巨资，组织和动用全国的资源协同配合才能完成。这些研究周期长，不能在短期内为垄断资本带来高额利润，因此私人垄断资本不能也不愿承担，国家就自然成为科学研究的主体。

上述种种矛盾和问题的解决是垄断资本自身利益的需要，于是国家垄断资本主义的发展就成为客观必然。

二、国家垄断资本主义的形式和实质

（一）国家垄断资本主义的基本形式

从资产阶级国家同私人垄断资本相结合的方式来看，国家垄断资本主义有以下三种形式：

1.国有经济

国家直接掌握部分垄断资本。这种形式的产生有两条途径：

一是采取“国有化”政策将私人垄断企业收归国有。第二次世界大战后初期，西欧各国曾掀起过“国有化”热潮，国家通过财政拨款以高额补偿金的方式把煤炭、电力、钢铁、铁路等一些设备陈旧、利润率低甚至亏损的传统部门收归国有。

二是国家直接投资兴办企业。国家投资兴办的企业主要是新兴的尖端技术工业和基础设施。通过建立国有经济掌握垄断资本，国家就可以更好地发挥调节经济的职能。

2.国家与私人垄断资本在企业内部的结合

这是指国家与私人垄断资本共同掌握垄断资本。其具体途径有：国家购买私人垄断企业的股票、国有企业吸收部分私人投资、国家与私人垄断资本联合投资兴建企业。这种形式的国家垄断资本主义既有利于国家在宏观上调节部门结构，又有利于私人垄断资本增强自己的经济实力。私人垄断资本可以享受政府提供的诸多优惠条件，如低价原料、能源和各种各样的补贴，从而能够保证垄断资本家获取巨额垄断利润。

3.国家与私人垄断资本在企业外部的结合

在这种形式中，国家对经济运行的干预和调节是间接实施的。其主要手段包括：

（1）运用财政政策调节经济运行。

一方面，国家通过税收增减达到宏观调控的目的；另一方面，运用财政支出政策进行调节。当出现总需求不足时，采取增加政府支出或减税的政策扩大社会需求；反之，则提高税率，增加税收或者压缩财政开支来减少需求量。国家通过财政支出购买私人垄断企业的商品和服务有助于大量商品价值的实现和扩大垄断资本家的利润，在一定程度上可以缓解社会生产和消费的矛盾。

（2）运用货币政策调节经济运行。

资本主义国家中央银行通过控制货币供应量和利息率实现对宏观经济的管理。其主要做法有：调整存款准备金率、调整贴现率和公开市场业务。

存款准备金率是商业银行向中央银行缴存的货币额的比率，其高低直接影响到商业银行可发放的贷款的数量。当存款准备金率提高时，商业银行用于贷款的货币额就会减少，利息率会提高，投资减少；当存款准备金率降低时，情况就会相反。这实际上是国家运用存款准备金率这个经济杠杆来控制货币供应量，从而实现对经济的调节。

贴现率是商业银行向中央银行借款时的利息率，它的作用和存款准备金率的作用相似，也可用来调节货币供应量。

公开市场业务是指中央银行在金融市场上直接买卖各种有价证券，以此实现对货币供应量的控制。

（3）实施“经济计划化”。

国家制订各种短期及中长期计划调节社会经济。法国和日本是实行“经济计划化”的典型国家。法国从1947年开始制订经济计划。日本从1956年开始制订中长期计划，著名的“国民收入倍增计划”就是1961—1970年的一项长期计划。经济计划的实施由于适应了生产社会化的要求，使资本主义社会生产无政府的状态得到一定程度的缓解，对经济增长和产业结构的调整起到了积极作用。

（4）社会福利政策。

国家将部分财政支出用于社会救济、社会保险、福利补助等方面的制度建设，通过调节国民收入再分配的方式达到缓解劳资矛盾、缩小贫富差距、增加有效需求、维持社会安定的目的。

（5）法律手段。

国家以法律形式调节各种经济关系和经济活动，以维护正常的经济秩序，使市场经济有序运行。

（二）国家垄断资本主义的实质

从国家垄断资本主义产生和发展的过程及各种形式来看，它的出现是适应垄断资本的需要，而在不触动资本主义私有制的前提下生产关系内部的一种调整，是资本主义各种矛盾加剧的反映和结果。

首先，所谓“国有经济”并非全社会劳动者共同占有生产资料的经济形式，而是资本主义国家为了垄断资产阶级利益的需要，运用财政支出保证垄断资产阶级整体获得巨额利润的形式。各种国有企业并不以追求利润为目标，其宗旨是协调社会总资本的正常运行。这种做法能在一定程度上缓和私人垄断资本同社会化大生产的矛盾，加速私人垄断资本的发展。比如，第二次世界大战后，英国政府对动力、燃料、铁路等部门实行“国有化”，垄断资本家不仅以公债形式获得了约25亿英镑的巨额赔偿金，而且每年可领取8 000多万英镑的利息。可见，这种形式的“国有化”，不仅没有消除和限制私有制，反而增强了私人垄断资本的实力。另外，是否实行“国有化”完全取决于垄断资本的需要。当“国有化”符合垄断资产阶级整体利益需要时就实行；反之，则“非国有化”，重新将国有企业或国有资本部分低价转让给私人垄断资本经营。

其次，资本主义国家对经济运行采取的各种调节手段归根结底都是以国家财政预算和货币信用的方式对国民收入做有利于垄断资产阶级利益的分配。因为资本主义国家一切财政收入和支出的源泉都是工人阶级创造的剩余价值。资产阶级国家本质上是资产阶级统治的工具。恩格斯曾深刻地指出，资产阶级国家“愈是把更多的生产力据为己有，就愈是成为真正的总资本家，愈是剥削更多的公民。工人仍然是雇佣劳动者，无产者。资本关系并没有被消灭，反而被推到了顶点”。

由此可见，不论国家垄断资本主义采取何种形式，其实质都是私人垄断资本利用国家机器来为其利益服务的手段，是资产阶级国家代表垄断资产阶级总体利益对社会资本再生产过程进行调节的一种有效形式。

三、国家垄断资本主义的作用

国家垄断资本主义对经济的发展具有双重作用。

（一）对经济发展的促进作用

国家垄断资本主义是资本主义生产关系的自我发展和局部调整，由于它适应了生产高度社会化和新科技革命的需要，因而在一定程度上促进了社会生产力的发展。

（1）部分地克服了社会化大生产和私人垄断资本间的矛盾。国家运用手中的巨额资本大力投资于新兴产业、部门有助于提高生产的社会化水平，弥补私人垄断资本的不足。

（2）国家对经济运行过程的调节可以在一定范围内突破私人资本单纯追求眼前利润的狭隘界限。

（3）国家运用各种方式对再生产过程进行综合调节，可以缓解资本主义社会生产的无政府状态，使经济结构和比例更加合理，从而促进了经济发展。

（4）国家垄断资本主义在一定时期内缓和了劳资矛盾、垄断资本与中小资本的矛盾。社会福利制度的建立使低收入劳动者的生活有所改善，这样既缓和了劳资矛盾，又有利于劳动力的再生产，对资本主义的经济发展是有利的。对中小企业的保护和扶持有利于竞争机制的作用发挥，这对资本主义的发展也是有益的。

（5）国家垄断资本主义通过国际协调，缓和了资本主义各国间的矛盾，也有利于资本主义的发展。

总而言之，国家垄断资本主义使生产社会化和生产资料资本主义私人占有之间的矛盾得到一定的缓解，因此客观上推动了资本主义的发展，使资本主义制度得到巩固。国家垄断资本主义的发展及作用无疑是推动资本主义高速发展的一个重要原因。

（二）对经济发展的阻碍作用

国家垄断资本主义的出现并没有超越资本主义生产关系的范围，没有改变垄断资本主义的实质。因而决定了其对资本主义经济的调节作用是有限的，有时甚至加深了资本主义的固有矛盾。其表现为：

一是赤字财政加剧了社会生产和消费之间的矛盾。国家对经济的调节力量主要来自税收。由于财政支出的增加，劳动人民的税负日益沉重，这就削弱了社会有支付能力的需求，从而加剧了生产和消费之间的不平衡。

二是财政政策和货币政策的运用导致财政赤字和滥发货币，最终出现了“滞胀”的局面。进入20世纪70年代，主要资本主义国家相继陷入困境，经济发展出现“停滞膨胀”，即经济增长缓慢和通货膨胀并存。进入80年代，经济停滞的趋势更加明显。1981—1985年，7个主要资本主义国家国民生产总值年均增长率分别为：美国2.4%、英国1.9%、法国1.1%、日本3.8%、意大利0.9%、加拿大1.6%、联邦德国1.3%，远低于“黄金时期”的增长速度。70年代以来，主要资本主义国家的物价指数由50年代的2.5%、60年代的2.9%，增加到70年代的7.7%。“滞胀”的出现是国家垄断资本主义条件下各种矛盾激化的重要表现。

三是巨额债务严重削弱了经济发展的力量。为了刺激消费和需求，保证垄断资本获取利润，国家发行公债来增加财政收入，并支持私人信贷膨胀，使社会经济的发展完全建立在透支未来购买力的基础上，结果形成了公私债台高筑，加剧了财政、金融危机。以美国为例，1991年其家庭债务、公司债务及联邦政府债务总和高达10万亿美元，相当于年国民生产总值的2倍。

综上，国家垄断资本主义没有改变资本主义私有制这一经济基础，无法改变垄断资本追求高额利润的经济运行目标，因而不可能从根本上解决资本主义社会的基本矛盾，也就无法克服经济危机。当代在国家垄断资本主义的条件下，金融危机乃至经济危机仍频繁发生，而且危机的平均周期在缩短，破坏力更大，摆脱危机所需时间更长。这说明国家垄断资本主义对经济调节的能力越来越弱，其局限性日益明显。

第三节 资本主义经济危机

自从资本主义制度产生以来，资本主义经济危机就如影随形，从没有间断过。可以说，一部资本主义发展史就是资本主义经济危机的历史。马克思对资本主义经济危机有过深刻分析和批判，尽管如此，以往的资本主义经济危机从没有像今天这样严重。为此，我们有必要对资本主义经济危机的新变化进行系统梳理和全面分析，发现资本主义的发展规律和演变趋势，从而更好地揭示资本主义制度的本质。

一、资本主义经济危机的表现形式

1640—1688年英国资产阶级革命的胜利，把英国首先带入了资本主义时代。继英国之后，美国、法国、德国、俄国、日本等也进入了资本主义历史阶段。从18世纪30年代起到19世纪下半叶，英国、美国、法国、德国、日本等先后开始并完成了产业革命，迎来了机器大工业及工厂制度的新时代，形成了崭新的生产资料资本主义私人占有制和剩余价值归资本家占有的财富分配制度。实体经济层面的产业革命与制度层面的全面创新使资本主义生产方式彻底战胜了封建主义生产方式，标志着资本主义制度的最终确立。由于资本主义基本矛盾即生产社会化与资本主义生产资料私有制之间的矛盾，经济危机将资本主义发展史切割为危机、萧条、复苏、高涨的不同阶段，并伴随着资本主义发展全过程而逐渐加深为更严重的危机。

资本主义国家的经济危机每隔若干年就爆发一次，这就是经济危机的周期性。资本主义经济危机的周期性爆发使得社会再生产过程也具有了周期性。从一次危机开始到另一次危机爆发之间的时期，就是一个再生产周期。一般来说，一个再生产周期包括危机、萧条、复苏和高涨四个阶段。危机是再生产周期的决定性阶段。在这个阶段，商品销售困难，物价下跌，企业破产倒闭，生产急剧下降，大量工人失业，整个社会经济处于瘫痪和混乱状态之中。萧条是再生产周期中的停滞阶段。在这一阶段，社会生产不再下降，企业倒闭现象暂时停止，失业人数不再增加，商品价格停止下跌。复苏是再生产周期中的经济恢复阶段。在这一阶段，资本家开始进行大规模投资和扩大生产规模，就业人数增加，物价回升，市场容量扩大，社会购买力不断提高，企业利润增加，工商企业的活跃推动了信用的发展，社会生产逐步恢复到危机前的水平。当生产超过危机以前的最高点时，经济便由复苏阶段进入高涨阶段。在这一阶段，生产持续扩大，市场商品畅销，企业利润激增，信用投机活跃，整个资本主义经济又呈现出一片繁荣景象；但是，在繁荣的背后又孕育着新的危机。

二、资本主义经济危机的本质

要想认清资本主义经济危机的本质，必须首先研究资本主义经济危机的原因。在劳动价值论中，在商品货币关系存在的条件下，商品形态变化本身，即买和卖的分离，包含着危机的可能性；在以货币为媒介的商品流通中，包含着发生商品相对过剩危机的可能性，货币作为支付手段进一步加深了经济危机的可能性。但是，要发生真正的经济危机，还必须具备隐藏在资本主义生产关系背后的深层次矛盾。机器大工业是使危机的可能性向现实性转化的物质基础，是形成普遍生产过剩危机的生产力条件。

经济危机之所以周期性爆发，其原因在于资本主义基本矛盾运动过程本身的阶段性。资本主义基本矛盾有时趋向缓和，有时趋向激化。只有当资本主义基本矛盾发展到尖锐化的程度，使社会再生产的比例严重失调时，才会爆发经济危机。经济危机的爆发使企业纷纷倒闭，生产大幅度下降，社会生产力遭到巨大破坏，从而使社会生产与有支付能力的需求得到暂时平衡，资本主义各种矛盾暂时缓和，经济危机得以逐渐摆脱，资本主义生产得以重新恢复和发展。但是，由于资本主义基本矛盾即产生经济危机的根源并没有消除，因此，随着资本主义生产的恢复和高涨，资本主义基本矛盾又重新激化，必然导致再一次经济危机的爆发。

资本主义经济危机的实质是生产相对过剩。资本主义的生产过剩只是和劳动人民的购买力相对而言，资本主义生产超过劳动人民有支付能力的需求而显得过剩。在马克思看来，资本主义经济危机是本质上具有统一关系的要素彼此独立后的强制统一，是资本主义经济关系一切矛盾的现实综合和强制平衡，是资本主义各种矛盾充分展开后的结果。而这一切只有在世界市场中才能充分地表现出来。

资本主义经济危机最普遍的表现形式是它的世界性、长期性和易感染性。就世界性而言，资本主义经济危机不是只在资本主义国家本国发生，还要随着资本的足迹踏遍世界市场的各个角落；就长期性而言，资本主义经济危机不是只在某个阶段或者某个历史时期发生，经过治理后就能完全恢复正常的，而是周而复始地呈现出周期不断缩短、危机次数不断增多的态势；就易感染性而言，随着信息化和网络化的技术进步，资本主义经济危机尤其是金融危机在全球的感染度骤升，而且有愈演愈烈之势。

三、资本主义经济危机的新变化和新趋势

进入21世纪，资本主义经济危机发生了由实体经济危机向金融危机转向、由金融危机向空间危机转向、从空间危机向制度危机转向的新变化

和新趋势。随着时间的流逝，资本主义发生了一系列深刻复杂的变化，主要是由自由竞争资本主义转变为垄断资本主义，并在此基础上发展成为国家垄断资本主义。继国家垄断资本主义之后，资本主义进入一个新的历史阶段，即金融垄断资本主义阶段，而金融垄断资本主义是国家垄断资本主义克服自身危机发展的结果。在金融垄断资本主义条件下，经典意义上的资本主义生产方式和所有制关系并没有改变，资本对劳动的剥削和统治关系也没有改变，但是资本的增值形式却发生了变化：在工业资本主义时期，货币资本是资本价值的主要形式；在金融垄断资本主义时期，资本的价值形式演变为货币资本和金融资本的二元结构。金融产品是最抽象的商品，它与其他商品的区别在于它只有价格而没有价值。因此，金融产品是虚拟产品，金融资本是虚拟资本，金融危机是最深重的危机。

2008年由美国引发的次贷危机具有隐蔽性、伪装性和欺骗性。在危机发生前，美国华尔街的金融大鳄、投资大鳄们自己是十分清楚他们销售的虚拟金融产品是垃圾产品的，只是这些信贷机构、投资机构、房地产商等在处理这些高风险金融创新产品时，故意隐瞒了这些金融产品的伪装性和垃圾质量而已。因为只有这些金融垃圾产品销售出去了，他们才能实现“虚拟剥削”。这说明，美国从过去的“实体经济”危机转向现在的“虚拟金融”危机，从工业剩余价值剥削转向虚拟剩余价值剥削，资产阶级实现了由致力于实体经济到致力于虚拟经济的转变。这是资本主义新阶段经济危机的重要特点，是资本主义剩余价值剥削形式转向虚拟化的根本标志。

随着资本主义向纵深方向发展，资本主义金融危机也发生了向空间危机转向的新变化。资产阶级通过全球化在世界范围内复制出资本主义生产方式，也复制出资产阶级。事实上，早在世界无产阶级产生之前，世界资产阶级就通过全球化成为坚强联盟了。为了让世界资产阶级手中的过剩资本发挥获得利润的作用，就必须不断开拓世界市场，这就使得全球化走向深入发展阶段。在资产阶级将大量的资本通过全球化移植到世界各地的过程中，不平等的空间关系就出现了，而且这种不平等的空间关系还会与不平等的交换关系一起加剧发达国家与发展中国家之间的矛盾。金融危机开始摧毁空间成为资本主义经济危机的新趋势。资本追逐利润的可持续性是以资本在不同空间的流动性投资为依托的，资本在空间上的作用深度和开拓广度决定了资本主义经济危机的缓解程度，发达国家的资本主义全球化就是通过“以空间换取时间”的办法来暂时挽救资本主义经济危机的。伴随着资本主义金融危机的空间转向，资本主义也把经济危机带到世界各地。凡资本所到之处，世界性危机爆发之时，无一处空间能躲过危机的辐射范围，这是21世纪全球化过程中资本主义经济危机的新特征。

资本主义经济危机发生由空间危机向制度危机的转向是历史的必然和逻辑的必然。空间危机的深化是资本主义制度日益腐朽的表现形式。“占有并生产空间”并不能帮助资本主义制度彻底摆脱矛盾与困境。当各种生产关系不能得到再生产时，最严重的资本主义制度危机仍然会到来。发达国家之所以疯狂地进行全球扩张，就是因为它们通过空间形塑、空间成长、空间异化和空间重构不仅可以缓解经济危机，而且可以为资产阶级带来更多的剩余价值。据此，剩余价值生产与分配被国际化了。如果说以往资本主义工业资本的全球扩张会受到血缘、地缘、民族、宗教、语言等因素的种种阻碍，那么在21世纪空间危机转向制度危机时则因新技术的产生而可以超越时空到达资本想要去的任何一个地方，资本主义制度危机也随之全球化了。资本积累的无限性与全球化过程中空间的有限性之间存在无法调和的矛盾，这是发生资本主义制度危机的根本原因。全球化是空间发展不平衡的结果，是资本过渡积累的恶果。空间的资本主义制度属性是资本主义制度危机的全球化根源。由此可见，资本主义经济危机的不断深化，说明资本主义制度自身存在无法克服的内在矛盾，资本主义必然灭亡只是时间问题。

第四节　资本主义经济制度的历史过渡性

资本主义从自由竞争发展到垄断阶段，再由私人垄断发展到国家垄断资本主义的过程充分表明，资本主义在其生产关系范围内所做的调整尽管在一定程度上推动了生产力的不断发展，但其终究无法克服社会化大生产同生产资料私人占有间的这一资本主义的基本矛盾。因此资本主义经济制度具有历史过渡性。它的每一次自我调整都在为新的生产方式的到来准备物质条件和社会力量。社会主义社会代替资本主义社会是历史发展的必然趋势。

一、垄断资本主义经济发展的趋势和作用

20世纪初列宁曾经指出垄断资本主义经济的发展存在两种趋势，时

而表现出“迅速发展的趋势”，时而表现出“停滞趋势”。这两种趋势并存的根源在于垄断。20世纪垄断资本主义的历史以及当代垄断资本主义的发展现实都充分印证了列宁的正确论断。这两种趋势并存的原因在于：

（1）在生产力和生产关系的矛盾运动中，生产力始终是最积极、活跃的因素，它要不断突破生产关系的制约向前发展。人类科学技术的发展水平标志着生产力所能达到的高度。每当科学技术上有重大突破，都会促使生产力得到迅猛发展。垄断资本主义一定时期的迅速发展得益于第二次和第三次科技革命的发生。

（2）垄断并没有消除竞争，各种竞争形式的存在迫使垄断资本家也必须关心科学的发展和技术的进步，积极利用科技进步的结果。因此，垄断资本促进了社会生产力水平的提高。

（3）国家垄断资本主义采取的种种调节经济的措施也为生产力的发展提供了可能。

（4）与自由竞争时期相比，垄断资本家凭借垄断地位就可以获得高额利润，这样他们推动技术进步的动力就在一定程度上减弱了。不仅如此，垄断资本家为维系其垄断地位，还会收买新技术和新发明的专利权，将其束之高阁，以阻碍新技术在生产中的使用和推广。所以，垄断的存在又会使资本主义的发展出现停滞的趋势。

垄断资本主义是资本主义发展的最高阶段和最后阶段，在这一阶段上，发展和停滞两种趋势的存在必然会对资本主义社会的经济、政治及社会生活产生重要的影响。

一是垄断的统治导致食利者阶层的扩大。食利者阶层是指完全脱离生产经营活动，专靠“剪息票”（吃利息）为生的剥削者。在垄断阶段，金融寡头占据了社会经济的支配地位。他们通过“参与制”控制了大量企业，但他们自己却不从事生产经营活动，而是依靠雇用职业经理人来进行企业管理。食利者是不生产的阶级，他们占有大量的社会财富用以满足奢侈的生活。这个群体人数的增加浪费了社会物质财富，是社会经济发展停滞的表现。一些靠资本输出剥削和掠夺其他国家的资本主义国家甚至成为食利国。第二次世界大战后，垄断资本主义国家纷纷输出资本以获取高额利息。20世纪80年代，垄断资本主义国家提高了贷款利息率，使发展中国家的债务负担更加沉重，这些国家人民的生活更加贫困。

二是垄断的统治使社会矛盾进一步尖锐，加重了经济危机。资本主义国家虽采取了许多“反危机措施”，但始终无法摆脱经济危机的困扰。即使在当代，资本主义世界仍然频繁发生经济危机。经济危机必然加剧贫困、失业、犯罪等各种社会危机。这充分证明了资本主义制度的历史过渡性。

二、垄断资本主义是过渡的资本主义

（一）垄断资本主义的发展为向社会主义转变创造了物质条件

1.生产的社会化程度更高

这主要表现在：生产和资本高度集中；垄断组织在世界范围内规划生产经营活动，形成了经济的全球化；垄断组织推动了科学技术的研究和应用。

2.生产管理日益社会化

股份公司的建立使资本的所有权与经营权相分离；社会性的高级管理机构和管理方式建立起来；国家具有了调节社会生产的职能。这些都为建设社会主义提供了可利用的经验和形式。

3.资本社会化

股份公司的普遍发展使资本的社会化程度极大提高。国家垄断资本主义推动了生产社会化程度的进一步提高，跨国公司和国际垄断同盟又促使资本走向国际化、全球化。资本社会化程度的不断提高为最终否定资本本身准备了物质条件。

马克思科学地预见到了资本主义的历史过渡性，指出：“发展社会劳动生产力，是资本的历史任务和存在理由。资本正是以此不自觉地为一个更高级的生产形式创造物质条件。”[①]垄断资本主义的发展把生产社会化和生产力水平推进到前所未有的高度，这就为以社会占有生产资料并在全社会范围内组织协调生产和分配产品为特征的社会主义经济制度的建立奠定了物质基础。没有社会化大生产这种物质基础，社会主义就只能是空想。

---

① 马克思，恩格斯．马克思恩格斯全集：第25卷［M］．中共中央马克思恩格斯列宁斯大林著作编译局，译．北京：人民出版社，1974：288-289.

（二）垄断资本主义的统治为向社会主义转变准备了社会条件

1.资产阶级和无产阶级的矛盾不断加剧

前面已经分析过垄断利润的来源仍然是工人阶级创造的剩余价值。垄断资本家通过提高劳动生产率的方式使工人所受剥削的程度日益加重。国家的各种调节手段加重了劳动人民的负担。垄断资本家推行的各项改良措施，如“劳资合作”、“工人参与管理”、工人持有小额股票以及福利制度等虽然使阶级矛盾有所缓和，但工人阶级被雇佣、被剥削的地位并没有改变。两个阶级之间基于经济利益的对立而产生的对抗性矛盾没有也不可能消除。当代资本主义国家的工人阶级通过工会组织采取“劳资谈判”、罢工等形式与垄断资本抗争，维护自身权益就是证明。无产阶级会在社会化大生产的实践中逐渐自觉意识到自己的历史使命，从而成为推翻垄断资本的统治、实现社会主义的现实力量。

2.垄断资本主义国家同发展中国家的矛盾不断加深

第二次世界大战后，“新殖民主义”取代了旧殖民主义。垄断资本借助经济全球化利用种种经济手段对广大发展中国家进行剥削和掠夺，使发展中国家经济困难，发展缓慢，人民贫困，使世界上穷国和富国的差距不断拉大。

3.垄断资本主义国家间的矛盾日趋尖锐

垄断资本为追求高额利润在世界范围内争夺销售市场、原料产地和投资场所。由于各垄断资本主义国家经济、政治发展不平衡，它们之间的争夺异常激烈。从瓜分世界领土的两次世界大战到争夺世界市场的经济战，矛盾愈演愈烈。

上述物质条件及社会条件的准备表明社会主义取代资本主义的时机日益成熟。资本主义的发展一旦达到某种程度，“资本的垄断成了与这种垄断一起并在这种垄断之下繁盛起来的生产方式的桎梏。生产资料的集中和劳动的社会化，达到了同它们的资本主义外壳不能相容的地步。这个外壳就要炸毁了。资本主义私有制的丧钟就要响了。剥削者就要被剥夺了”①。

---

① 马克思，恩格斯. 马克思恩格斯全集：第23卷［M］. 中共中央马克思恩格斯列宁斯大林著作编译局，译. 北京：人民出版社，1972：831-832.

三、社会主义取代资本主义是一个长期的历史过程

资本主义生产关系在其自身范围内的多次自我"扬弃"和调整，虽然在一定时期和一定程度上促进了生产力的发展，但它不能从根本上解决资本主义生产关系和社会化大生产之间的对抗性矛盾。生产关系一定要适合生产力状况规律的客观作用，必然要求用新的生产关系取代旧的生产关系。解决矛盾的唯一途径就是资本主义制度被社会主义制度所代替。

社会主义代替资本主义虽然是历史发展的必然，但并不等于说社会主义代替资本主义马上就可以实现。人类社会发展的历史证明，一种新的社会经济制度取代旧的社会经济制度总要经历一个长期且曲折的过程。特别是社会主义制度取代资本主义制度更需要一个长期的历史过程。这是因为：

第一，马克思指出："无论哪一个社会形态，在它们所能容纳的全部生产力发挥出来以前，是决不会灭亡的。"[①]即一种社会经济制度只有在其生产关系已经无法容纳生产力发展的前提下才会退出历史舞台。垄断资本主义虽然呈现出停滞的趋势，但垄断资产阶级不断对资本主义生产关系做出的调整还能够推动生产力的发展，在当代资本主义制度下，生产力还有发展的空间，资本主义社会基本矛盾的激化还未达到顶点。所以，社会主义完全取代资本主义尚需较长的历史过程。

第二，列宁曾经在新旧社会制度的更替问题上指出："劳动生产率，归根到底是使新社会制度取得胜利的最重要、最主要的东西。"[②]从现实来看，当今的社会主义国家由于历史起点低，经济、科技、文化等方面都要落后于资本主义国家。再加上社会主义建设的时间较短，社会主义制度的优越性还没能充分发挥出来。这就决定了资本主义在今后相当长的时期内，仍然具有劳动生产率方面的相对优势。社会主义国家要创造出高于资本主义的劳动生产率就必须经历一个相当长的过程。

第三，垄断资本主义在国内推动改良主义缓和阶级矛盾，分裂和破坏工人运动，淡化工人的阶级意识；对外则利用经济、科技上的优势对社会主义国家进行"和平演变"，瓦解国际共产主义运动。特别是苏联解体和

---

① 马克思，恩格斯．马克思恩格斯选集：第2卷［M］．中共中央马克思恩格斯列宁斯大林著作编译局，译．北京：人民出版社，1972：83.

② 列宁．列宁全集：第37卷［M］．中共中央马克思恩格斯列宁斯大林著作编译局，译．北京：人民出版社，1986：18.

东欧剧变后，国际共产主义运动陷入低潮期。这也导致资本主义制度彻底退出历史舞台将是一个长期的过程。

当今时代，资本主义制度与社会主义制度并存的格局将会长期存在下去。这种格局要求社会主义国家必须制定正确的发展战略；在坚持科学社会主义基本原则的同时，积极学习和借鉴发达资本主义国家的先进科学技术、管理经验；认识和把握社会化大生产的客观规律，努力提高劳动生产率和生产的社会化程度；在发展社会生产力的基础上增强综合国力，改善人民生活水平，逐步缩小与发达资本主义国家的差距，不断把社会主义事业推向前进。

复习思考题

1. 垄断是怎样产生的？垄断的实质是什么？

2. 垄断资本主义有哪些基本经济特征？

3. 国家垄断资本主义的形式和作用有哪些？

4. 怎样理解垄断资本主义经济发展的两种趋势？

5. 如何理解资本主义经济制度的历史过渡性？

6. 为什么说社会主义完全代替资本主义是一个长期的、曲折的历史过程？

7. 如何理解资本主义经济危机的新变化和新趋势？

第二篇

社会主义部分

[第七章]

社会主义经济制度

对社会制度及社会制度演变规律的研究是马克思主义政治经济学的重点内容之一，也是马克思主义政治经济学的一大特色。本章揭示社会主义基本经济制度的内容，旨在说明社会主义经济制度建立的客观必然性，在此基础上讨论社会主义初级阶段的所有制结构及分配结构。

第一节　社会主义经济制度的建立与社会主义初级阶段

一、社会主义经济制度

社会主义经济制度是人类社会发展的必然趋势。社会主义经济制度是个崭新的制度，是人类历史发展至今最为进步的社会经济制度。它以生产资料公有制为基础，由社会主义本质所决定，为最终实现共同富裕提供经济基础。我国社会主义经济制度的建立既符合人类社会经济制度变迁的趋势，又由中国的特殊国情所决定。

（一）马克思对社会经济制度的论述

按照马克思主义的观点，社会经济制度是一个与社会经济形态具有相同含义的概念，它们都被看作与生产力发展的一定阶段相联系并由后者决定的生产关系的总和。

早在19世纪40年代中期，马克思和恩格斯在《德意志意识形态》手稿中就曾指出："人们所达到的生产力的总和决定着社会状况，产生出与此相适应的交往形式；而生产力和交往形式之间的矛盾运动，则成为一切历史冲突的根源。”[①]人类历史自原始公社制度以后，先后经历了三个以生产资料私有制为基础的社会经济制度演变阶段，即奴隶制经济制度、封建制经济制度和资本主义经济制度。这种社会经济制度的更迭都是社会基本矛盾运动的必然结果，是生产关系要适合生产力发展状况规律的反映。

在马克思主义经典作家的思想中，革命导师对社会主义经济制度的理解是在对资本主义经济制度的考察、分析和批判的基础上形成的。在马克思看来，随着资本主义社会生产力的发展，该制度下的社会矛盾日益尖锐化。其中，社会化大生产与生产资料的资本主义私有制之间的矛盾，构成这一制度的基本矛盾。一方面，在竞争压力和对剩余价值无止境的追求驱使下，资本主义社会促进了社会化生产力的发展。这借助于生产规模的扩大、生产专业化程度的提高、部门之间联系的增强以及国内市场的拓展和世界市场的形成表现了出来。另一方面，生产资料被少数资本家或资本家集团所占用，生产完全由资本家的意志所决定。特别是当资本的意志与社会需求，特别是劳动人民有支付能力的需求和整个社会有计划、按比例发展的需要相矛盾时，经济危机就会爆发。经济危机是资本主义经济一切矛盾的现实综合和强制平衡，表明了资本主义经济制度的历史性也为新的革命提供了可能。因此，马克思将世界市场和经济危机看作资本主义经济关系的最具体的规定性，并认为从世界市场的角度来看，“危机就是普遍表示超越这个前提，并迫使采取新的历史形式”[②]。

（二）中国社会主义经济制度建立的必然性

社会主义经济制度是对资本主义经济制度的扬弃，是人类历史发展的普遍规律。但是，对处于半殖民地半封建社会的1949年以前的中国而言，是否能够及怎样建立这种经济制度又具有特殊性。

中华人民共和国成立以前，我国社会的主要矛盾是帝国主义、封建主义和官僚资本主义同人民大众之间的矛盾。当时的国情使一些人认为我国没有条件建立社会主义制度。实践证明，这种观点是错误的。

首先，当时中国生产力水平虽然低下，但并不意味着毫无建立社会主义的物质基础和阶级力量。近代中国工业虽然落后，但已经有了一定的发

① 马克思，恩格斯．马克思恩格斯选集：第1卷［M］．中共中央马克思恩格斯列宁斯大林著作编译局，译．北京：人民出版社，1972：72.

② 马克思，恩格斯．马克思恩格斯全集：第46卷上册［M］．中共中央马克思恩格斯列宁斯大林著作编译局，译．北京：人民出版社，1979：178.

展。1949年中国近代工业拥有200多亿元资本，产业工人达到400多万人，加上运输工人和城市手工业者，则有2 000万至3 000万人。由于深受封建主义、帝国主义和官僚资本主义的压迫，他们具有高度的觉悟性、组织纪律性。

其次，中国不具备走资本主义道路的国际和国内条件。从国际上看，帝国主义列强为实现对殖民地和半殖民地国家的统治、剥削和掠夺，不会允许类似中国这样的国家摆脱依附地位，走上独立的资产阶级民主共和国之路。从国内来看，在三座大山的统治下，中国的民族资产阶级具有两面性，他们既因为被压迫而具有反帝反封建的革命性，又因为与各种统治势力有着千丝万缕的联系而具有对统治者的妥协性。这决定了这部分力量不可能成为变革社会的主导力量。另外，历史也证明，依靠农民起义及资产阶级的改良运动也不可能解决1949年以前中国的主要矛盾。因此，中国革命的胜利、社会制度的更替和人民的富强，只能依靠广大的无产阶级和劳苦大众，在中国共产党的领导下，依靠阶级革命，走社会主义道路来实现。

最后，中华人民共和国成立以来的实践说明，中国社会主义道路的选择是正确的。科学社会主义理论是否真正具有科学性，中国社会主义经济制度是否真正具有历史必然条件，这不仅需要对当时的历史条件进行科学的分析，而且需要由社会主义经济制度建立后的社会实践来检验。中华人民共和国成立以来，特别是改革开放以来，中国各项事业的发展、综合实力的增强以及人民生活水平的提高，都证明选择社会主义道路是正确的。

总之，无论是从1949年以前中国的历史条件，还是从中华人民共和国成立以后社会主义的实践来看，中国必须走社会主义道路，这是历史的选择。只有社会主义才能救中国，也只有社会主义才能发展中国。

（三）中国社会主义经济制度的建立

中华人民共和国成立前的半殖民地半封建社会性质决定了中国建立社会主义经济制度不可能一步到位，必须分两步走：第一步，进行新民主主义革命，建立新民主主义社会和相应的经济体系；第二步，在对新民主主义经济进行改造的基础上建立社会主义经济制度。其中，新民主主义社会是个过渡性质的社会，这一时期从无产阶级政权建立到社会主义公有制在整个国民经济中居于主体地位为止。在该阶段，中国社会存在三种基本经济成分，即社会主义经济、资本主义经济和个体经济。过渡时期的根本任务是通过对非公有制经济成分的改造，使非社会主义公有制占主体的经济结构变革为社会主义公有制为主体的经济结构。

我国在过渡时期的私有制经济由两类不同特征的经济成分构成：一是主要是由官僚资本和民族资本构成的资本主义私有制经济；二是农业与手工业中以个体劳动为基础的小私有制经济。因此，对私有制经济的改造需要有针对性地采取不同的方式。

1.对官僚资本主义经济采取的是没收的方法

1949年以前，中国的官僚资本依附于帝国主义，并与封建主义相勾结，把持着国家的经济命脉。据统计，中华人民共和国成立前夕，官僚资本主义经济掌握着全部工业资本的2/3，占有着工矿业和交通运输业固定资产的80%，还控制了大银行、全国铁路、公路、航空运输和44%的轮船吨位，以及十几个垄断行业的贸易公司。这部分资本具有浓厚的买办性和封建性，是一种极端腐朽的生产关系，它残酷剥削劳动人民，排挤、打压甚至吞并中小资本，严重阻碍了中国生产力的发展。没收这部分资本具有双重的革命意义：一方面，通过没收官僚资本主义经济，消灭其买办性和封建性，并取缔帝国主义在华的资本和各种特权，为国家的经济独立奠定基础，具有民主革命的性质；另一方面，将其收归国有，转变为社会主义全民所有制经济，使无产阶级政权掌握了国民经济命脉，为建立社会主义经济制度奠定了基础，从而具有社会主义革命的性质。

2.对民族资本主义经济采取的是和平赎买的办法

民族资本主义经济在民主革命和社会主义革命中具有双重作用：

一方面，其在增加社会产品、积累资金、培训企业管理人员、吸收就业等关乎国计民生的领域起到了积极作用；

另一方面，在追求利润的过程中其又对工人阶级构成了剥削和压榨，在一定程度上也是产生无政府状态的一大诱因，这使其又具有消极作用。

因此，对待这部分经济成分，既不能放任自流又不能粗暴地加以对待，而是要通过国家资本主义形式采取和平赎买的方式将其纳入社会主义经济制度的范畴内。我国对民族资本的和平赎买，不是国家出资作为赎金直接购买，而是采取在国家资本主义企业中让资本家获得部分利润的方式来实现，即在全行业公私合营之前，将企业盈利的1/4左右分配给资本家；在全行业公私合营之后，按照资本家的核定资产实行定息制度。对民族资本的这种利用、限制和改造政策既有利于发挥该类经济对国计民生的积极作用，调动资本家的积极性，逐步把他们改造为自食其力的劳动者，为社会主义事业服务，又有助于克服其消极作用，将其转变为社会主义全民所有制经济。

3.对农业和手工业中的个体所有制经济采取的是合作化方法

这类经济的特点是规模狭小，经营分散，技术落后，劳动生产力低下，其所有者既是劳动者又是小私有者。因此，一方面，需要通过改造来提高其劳动生产率，促进生产的发展，更好地为国家经济建设和满足人民生活需要服务；另一方面，又不能用剥夺的方法将其生产资料收归国有。走合作化道路，是在保障这些劳动者基本需要的前提下使其走向集体经济的较好道路。

我国的农业合作化遵循自愿互利、典型示范和国家帮助的原则，采取三个互相衔接的步骤和形式实现的。

第一步，先建立农业生产互助组，包括临时互助组和常年互助组；

第二步，建立具有半社会主义性质的初级农业生产合作社；

第三步，建立完全社会主义性质的高级农业合作社。

采取这种循序渐进的方式来实现对农业的社会主义改造，既使农业生产者在走向社会主义道路时不感到突然，调动了他们发展生产和参加改造的积极性，又达到了预期目标。到1956年年底，参加高级农业生产合作社的农户占全国总农户数的比重已经达到87.8%，标志着我国农业中的生产资料社会主义改造基本完成。

个体手工业的性质虽然与小农经济一样，但它们与市场的联系更为紧密，属于商品经济。因此对这类经济的改造，是从流通入手来进行合作化的。通过说服教育、示范和国家帮助的办法，先组织手工业供销小组或供销合作社，然后在生产上逐步实现合作化发展手工业生产合作社。到1956年，参加手工业合作社的人数占全国手工业从业人员的92.2%。我国基本上完成了对工业的社会主义改造。

总之，对私有制经济的社会主义改造的基本完成，标志着我国实现了从新民主主义社会到社会主义社会的过渡，建立了以生产资料公有制为基础的社会主义经济制度。

（四）社会主义基本经济制度

自人类社会产生以来，生产资料所有制形式很多，但最基本的形式主要有两种：公有和非公有。对于一个国家来讲，到底应该实行哪种所有制结构，主要看这个国家的现实国情。对于当代中国来讲，最大的国情就是我国还处于社会主义初级阶段。这个阶段的主要特点有两个：一是社会主义；二是初级阶段。社会主义的本质要求我们应该坚持以公有制为主体，最终实现共同富裕。社会主义初级阶段的现实要求我们应该根据生产力发展不平衡的具体状况，实行多种所有制。

党的十五大在深刻总结我国社会主义建设长期实践经验的基础上，明确提出我国现阶段要实行以公有制为主体、多种所有制经济共同发展的基本经济制度。

党的十六大根据解放和发展生产力的要求，进一步强调必须毫不动摇地巩固和发展公有制经济，毫不动摇地鼓励、支持和引导非公有制经济发展。坚持以公有制为主体，促进非公有制经济发展，统一于社会主义现代化建设的进程中。

党的十八大提出，要毫不动摇巩固和发展公有制经济，推行公有制多种实现形式，深化国有企业改革，完善各类国有资产管理体制，推动国有资本更多投向关系国家安全和国民经济命脉的重要行业和关键领域，不断增强国有经济的活力、控制力、影响力；毫不动摇鼓励、支持、引导非公有制经济发展，保证各种所有制经济依法平等使用生产要素、公平参与市场竞争、同等受到法律保护。

党的十九大提出，必须坚持和完善我国社会主义基本经济制度和分配制度，毫不动摇巩固和发展公有制经济，毫不动摇鼓励、支持、引导非公有制经济发展，使市场在资源配置中起决定性作用，更好发挥政府作用，推动新型工业化、信息化、城镇化、农业现代化同步发展，主动参与和推动经济全球化进程，发展更高层次的开放型经济，不断壮大我国经济实力和综合国力。

1.所有制结构的基本内涵

生产资料所有制是指人们在生产过程中对生产资料的所有、占有、支配、使用、收益等方面的经济关系。其中，人们对生产资料的所有关系是所有制的主要内容，通常都是依据生产资料所有者主体的不同来区分生产资料所有制的性质。

所有制结构是指各种生产资料所有制形式在一定的社会经济中所处的地位、所占的比重及相互关系。十一届三中全会以后，我国逐步形成了以公有制为主体、多种所有制经济共同发展的所有制结构。党的十五大高举邓小平理论的伟大旗帜，对马克思主义的所有制理论做出了新的贡献，指出："以公有制为主体、多种所有制经济共同发展，是我国社会主义初级阶段的一项基本经济制度。这一制度的确立，是由社会主义性质和初级阶段国情决定的。第一，我国是社会主义国家，必须坚持公有制作为社会主义经济制度的基础；第二，我国处在社会主义初级阶段，需要在公有制为主体的条件下发展多种所有制经济；第三，一切符合'三个有利于'的所有制形式都可以而且应该用来为社会主义服务。"

我国目前以公有制经济为主体、多种所有制经济共同发展的所有制结构，就是由我国的基本国情和生产力状况及发展要求决定的。从生产力状况来看，中华人民共和国成立以后，我国的生产力获得迅速发展，社会经济面貌发生了巨大变化。我国的生产力水平仍然比较低，而且发展不平衡，呈现出多层次的状况。这种多元组合、极不平衡的生产力状况，决定了不可能实行单一的社会主义公有制，需要有多种经济形式来与之相适应。同时，多种经济形式并存的所有制结构，也反映了社会主义市场经济发展的要求：

首先，我国改革开放和市场经济的发展，使得各种生产要素进入市场，在更加广阔的范围内更加有效地结合起来，形成现实的生产力。这就必然打破单纯由国家和集体作为投资主体的局面，使投资主体多元化。各个投资主体对于投资品具有所有权、收益权等，于是就产生了不同所有制经济形式，如国有经济、集体经济、私营经济、个体经济、外资经济等。这种情况，一方面适应了初级阶段生产力水平比较低，还不可能由社会统一支配社会财富、统一投资以满足社会成员多方面需要的状况；另一方面也反映了生产力发展的客观需求，即通过市场使资源得到有效配置，调动各方面积极性，有效利用各种生产要素，使生产力在更加广阔的空间得以发展。

其次，生产力的发展客观上要求打破地区、国家的界限，在全社会乃至世界范围内谋求自己的发展空间；与此同时，由于我国人口多、底子薄，要满足生产力发展的要求，客观上要求充分利用国内外一切资源，更多地利用国外的资金、先进技术和管理经验，实现生产力快速发展，这样就必然形成国内不同经济成分自愿联合投资而兴办的混合所有制企业，以及外商投资而兴办的“三资”企业。

2.公有制经济及其实现形式

社会主义公有制是作为资本主义私有制的对立物而产生的。生产资料公有制是社会主义生产关系的基础，它决定着并体现在生产关系的其他方面：公有制使劳动者成为生产资料的共同主人，从而铲除了剥削制度的经济根源；公有制的建立，使劳动者成为生产和社会的主人，他们之间形成了根本利益一致基础上的平等竞争、互助互利的合作关系；公有制使生产资料不再是剥削手段，而成为不断发展生产、满足人民需要的手段和条件，为实行按劳分配提供了前提；公有制使整个国民经济成为一个统一整体，为国家宏观调控、保持国民经济协调发展提供了条件。

公有制经济不仅包括国有经济和集体经济，还包括混合经济所有制经济中的国有成分和集体成分。我国目前的混合所有制经济主要有股份公司、跨所有制组成的企业和企业集团、中外合资企业以及中外合作经营企业等。这些企业中的国有经济成分和集体经济成分，其资本所有权和收益权归国家和集体，毫无疑问属于公有制经济；其中由国家和集体控股的，不仅具有明显的公有性，而且扩大了公有制经济的支配范围，增强了公有制的主体地位。

所有制和所有制实现形式是两个既有联系又相互区别的概念。所有制的实现形式是指所有制方面各种经济关系借以实现的形式，主要是指资产或资本的具体组织形式和经营方式。同一种所有制可以有多种实现形式，不同的所有制也可采取同一种实现形式。党的十五大指出，在社会主义市场经济中，公有制的实现形式可以而且应当多样化，一切反映社会化生产规律的经营方式和组织形式都可以大胆利用。要努力寻找能够极大促进生产力发展的公有制实现形式。目前我国公有制的实现形式，除国有独资企业、集体企业之外，还包括合作制、股份合作制、股份制等，在经营方式上可采取公营、公有民营、承包经营等形式。

社会主义全民所有制是指由全社会劳动者共同占有生产资料的公有制形式，在我国采取国家所有制的形式，所以称为国有经济。它是与社会化生产力相适应的，在国民经济中一直居于主导地位，是整个国民经济的领导力量。

第一，它掌握着关系国计民生的经济命脉，控制着生产和流通，用以满足生产和人民生活需要的绝大部分生产资料和大量工业消费品是由国有工业企业生产出来的；在商业、交通运输、通信、金融等行业居于支配地位，并提供大部分国家财政收入。

第二，它掌握着社会化程度较高的现代化生产、具有雄厚的经济实力和先进的技术装备、拥有众多的人才，是现代化建设的重要物质技术基础，在我国生产力发展中起着主导作用。

第三，它是保证集体所有制沿着社会主义方向前进和其他经济形式为社会主义服务的决定性条件。

第四，它是我国人民民主专政的主要经济基础，对巩固社会主义制度、建立社会主义市场经济体制、推进经济发展和社会进步、搞好社会主义精神文明建设，发挥着举足轻重的作用。

国有经济的主导作用应主要体现在控制力上，即它在关系国民经济命脉的重要行业和关键领域，如基础产业、先导产业、安全产业中居支配地位，在关系国民经济全局和发展方向上起主导作用。在一些竞争行业，国有经济可以以参股、控股等方式起主导作用，用少量资产去控制和影响更多的社会资产。而对于其他的一般性行业和非关键领域，则可以通过资产重组、结构调整和发展非公有制经济，适当收缩战线，以提高国有资产的整体素质，增强公有制经济的控制力。

集体经济是由部分劳动群众共同占有生产资料的一种公有制形式。它实现了在集体经济组织的范围内劳动者在生产资料所有关系上的平等，不存在剥削关系，并且与占主导地位的国有经济相联系，与国有经济一起构成我国社会主义经济的基础。发展和巩固集体经济对于坚持公有制的主体地位、发展生产、满足人民需要、繁荣市场、稳定物价、扩大出口、吸收劳动就业、巩固工农联盟都具有极其重要的作用。

股份合作制是指劳动者的劳动联合和劳动者的资本联合相结合的集体经济形式。它是劳动群众在改革中创造的新事物，是公有制的一种较好的实现形式。它是股份制和合作制两者特点的结合和积极扬弃。劳动者既是投资者又是劳动者，共同劳动、共担风险、利益共享，与企业融为一体，有利于调动劳动者积极性，有效利用各种资源，促进生产力发展。大力支持和引导股份合作制，使之逐步完善，成为小型国有企业的一种实现形式。

股份制是指注册资本由全体股东共同出资，并以股份形式投资入股，建立法人企业，投资者按投资入股份额参与企业经营管理和分配的企业制度，主要有股份有限公司、有限责任公司。股份制是现代企业的一种资本组织形式，有利于所有权和经营权的分离，有利于提高企业和资本的运作效率，资本主义可以用，社会主义也可以用。不能笼统地说股份制是公有还是私有，关键是看控股权掌握在谁手中。

邓小平指出："一个公有制占主体，一个共同富裕，这是我们所必须坚持的社会主义的根本原则。我们就是要坚决执行和实现这些社会主义的原则。"坚持公有制为主体是坚持社会主义基本制度的前提条件。公有制的主体地位主要体现在：公有资产在社会总资产中占优势；国有经济控制国民经济命脉，对经济发展起主导作用。就全国而言，允许有些地方、有些产业有所差别。公有资产占优势要有量的优势，更要注意质的提高。公有制经济要不断提高整体素质，注重生产要素的合理配置，加速技术进步，强化创新机制，加强科学管理，优化结构，注重规模效益和资本运营效率，使数量上的优势真正得以保持和发展。

坚持公有制经济的主体地位，是社会主义的一条根本原则，也是我国社会主义市场经济体制的基本标志，这是由它的性质及在国民经济中的地位和作用决定的。

第一，公有制经济与社会化大生产相适应，代表着社会发展的方向。公有制能够在最大限度上容纳社会化大生产，适应生产力发展的要求。

第二，公有制经济掌握着国民经济的命脉，具有强大的物质技术力量，是现代化建设的主要支柱，又是国家财政收入的主要来源，是国家宏观调控的主要物质基础。坚持公有制的主体地位，才能最大限度地解放和发展生产力，消灭剥削和两极分化，使生产不断发展，逐步满足人民的需要，最终实现共同富裕。

第三，坚持公有制的主体地位是发展社会主义市场经济的要求。社会主义市场经济是与社会主义基本经济制度结合在一起的。只有坚持以公有制为主体，国家掌握国民经济命脉和一些关键产业，并拥有强大的财力，才能有力地进行宏观调控，保证市场机制的功能和作用得以充分发挥，保证社会效益和经济效益的全面提高，并指导非公有制经济为社会主义服务。

3.非公有制经济及其形式

在公有制为主体的条件下，个体经济、私营经济和外资经济等非公有制经济是社会主义市场经济的重要组成部分。

个体经济是指劳动者占有少量生产资料并以个人劳动和个体经营为基础的经济形式。它既区别于公有制，又有别于以雇工剥削为基础的资本主义私有制。个体经济是一个十分古老的经济形式，但它从来没有成为某一社会形态中占统治地位的经济形式。社会主义条件下的个体经济，一般都具有规模小、工具简单、操作方便、经营灵活的特点，与分散、细小、社会化程度低的生产力相适应。在那些以服务为主和适宜分散经营的领域，在国家和集体还不能有效经营而群众又十分需要的行业，都应鼓励个体经济的发展，以弥补现代化大企业的不足。个体经济是依附于公有制经济的，它的发展起到了其他经济形式所不可替代的作用：可以充分利用零星分散的资源，发展生产，增加社会财富，既节省了国家投资，又增加了财政收入；可以促进城乡交流，活跃市场，又可挖掘民间技艺，发展传统手工艺和服务项目，增加出口创汇产品，满足人民多元化需要；可以广开就业门路，吸纳城乡剩余劳动力。

私营经济是指以生产资料私人占有和雇佣劳动为基础的私有经济。中国现阶段的私营经济是在以公有制为主体的条件下，在经济体制改革中产生的。它在整个国民经济中所占的比例还很小。私营经济中雇主和雇佣劳动者之间存在剥削与被剥削关系，但由于它的经营受控于政府限定的范围，同占优势的公有制经济相联系，在原料来源、产品销售、价格等方面受着公有制经济的巨大影响和制约，是依附于公有制经济的。同时，雇佣工人不再是一无所有的劳动者，而是国家的主人、公有制生产资料的主人，雇主的剥削也是受限制的。私营经济是社会主义市场经济的一个重要组成部分，它的发展有利于利用社会闲散资金、技术和劳动力，发展社会生产，增加社会财富，促进生产力的发展，满足人民多方面的需要；有利于吸纳城乡剩余劳动力，扩大就业；有利于培养和造就经营管理人才，并带动和促进其他劳动群众认识和熟悉市场，积极参与竞争，不断提高生活水平；有利于增加国家财政收入。但由于私营经济本质上是资本主义性质的经济，它的发展也难免会产生某些消极作用，必须通过国家行政、法律、经济等各种手段加以管理、引导和监督，依法保护其合法权益，保证其健康发展。

外资经济主要包括中外合资经营企业、中外合作经营企业中的外资部分和外商独资企业。这里的外资经济既包括国外投资经济，也包括我国香港、澳门、台湾投资经济。中外合资经营企业是指中外双方共同投资、联合经营、共同管理、共负盈亏、按股分益的企业，又称股权式合营企业。中外合作经营企业是指由外商提供资金、设备、技术等，中方提供土地、厂房和劳动力，双方合作经营的契约式合营企业。外商独资企业是指外商经我国批准，在我国境内租用土地，独自投资、独自经营、自负盈亏的企业。“三资”企业中国家和集体投资部分仍然属于公有制经济，而外商投资形成的外资经济从总体上说，属于社会主义国家能够加以限制、能规定其活动范围的特殊形式的国家资本主义。积极发展外资经济可以引进外资，以弥补我国建设资金不足；引进国外的先进技术和管理经验，改造老企业，促进我国技术水平和经营管理水平的提高；有利于扩大就业、扩大出口、增加外汇收入等。外资经济和私营经济中都存在剥削现象，但从长远来看，其有利于生产力的发展，加速社会主义现代化进程，巩固社会主义制度。

二、社会主义初级阶段

（一）社会主义发展阶段

无产阶级进行革命斗争的历史使命和最终目的是建立共产主义社会，但是从夺取政权到迈向共产主义社会是一个长期的、分阶段的过程。对这一历史进程中发展阶段的认识，不仅是马克思主义理论必须回答的问题，也关系到其中的人们的社会经济实践，特别是所制定的路线、方针、政策是否能够从基本国情出发，按照客观规律办事。

马克思在揭示了资本主义必然灭亡的规律后，预测了无产阶级革命以后社会发展的总趋势，大致把它划分为三个阶段：从资本主义社会转变为共产主义社会的革命转变时期（或称政治上的过渡时期）、共产主义社会的第一阶段（或称低级阶段）、共产主义社会的高级阶段。这一预测是建立在对欧洲资本主义的基本矛盾的分析的基础上的。马克思晚年曾对东方经济文化比较落后的国家的革命可能性、必要性及革命道路问题都做过探索，但是，他对未来社会具体发展阶段的研究持十分严谨和审慎的态度。恩格斯认为，共产主义社会是经常变化和改革的社会，强调各国革命后的对具体发展阶段的认识不应从原则出发，而应从事实出发。为避免陷于空想，马克思和恩格斯没有阐述资本主义以后的发展细节，更没有规定东方国家实现共产主义的具体步骤和发展阶段。

列宁在领导俄国革命过程中，根据新的历史条件和俄国较西欧资本主义国家落后的现实，对马克思关于共产主义发展阶段的思想做了进一步的理论阐述，把“共产主义社会第一阶段或低级阶段”称为“社会主义社会”，把“共产主义社会高级阶段”称为“共产主义社会”。十月革命后，他对俄国向社会主义过渡问题做了新的探索，认为虽然落后国家由于特殊历史条件先于先进国家爆发革命，但革命后由于物质准备、民主准备和文化准备均不足，社会主义建设要困难得多。因而他强调首先要解决过渡时期的实践和理论问题，而把探讨建立发达社会主义的想法斥之为“空想”。列宁根据当时国内外条件的变化，用新经济政策取代了十月革命后曾施行的战时共产主义政策，在实践中逐步形成了落后国家不应“直接”而应“间接”过渡到社会主义的思想，并提出从资本主义社会向社会主义的“过渡时期”结束以后，只能进入“初级形式的社会主义社会”，以后才能进入“发达的社会主义社会”。这些思想反映了马克思主义者对落后国家建设社会主义的长期性有了崭新的认识，符合社会发展的规律。遗憾的是，列宁没有对这些思想做出系统的理论概括。

（二）社会主义初级阶段

1.不同时期对社会主义初级阶段的认识

斯大林在领导苏联进行社会主义建设过程中，于1936年宣布苏联基本建成了社会主义，以后又提出了向共产主义过渡的设想和任务。很显然，把社会主义建设取得的成就和社会主义某些条件的确立，视为社会主义的“建成”，并认为已具备向共产主义过渡的观点，既脱离了客观实际，理论上也模糊了“过渡时期”和“社会主义”两个阶段的差别。这不但说明了认识社会主义发展阶段的困难性，更说明了这种认识的重要性。

通常人们认为社会主义社会与生产力高度发达、建立在公有制和按需分配基础上的共产主义高级阶段相比较，在经济上虽然它们都以生产资料公有制为基础，消灭了剥削阶级和剥削制度，在生产发展的基础上以满足人民日益增长的物质和文化需要为目的，但是二者还存在明显差别。这表现在：在社会主义社会，生产力发展水平较低，尚不能满足社会和个人的全部需要；公有制的实现范围和程度因生产力发展水平而受到影响，还存在多种所有制经济和公有制的多种实现形式；旧的社会分工还没有消除，还存在工农、城乡、体力和脑力、地区等之间的差别；商品经济依然存在，劳动还没有直接表现出其社会性质，劳动依然是谋生手段，要采取按劳分配的原则来分配个人消费品等，这些差别决定了从社会主义社会过渡到共产主义社会的高级阶段需要一个相当长的时期。在这个历史时期，社会主义社会的发展具有长期性、艰巨性和曲折性，它必然也是一个分阶段的过程。

民主革命时期，毛泽东和我们党运用马克思主义基本原理分析中国的国情，得出中国是一个半殖民地半封建社会的正确结论，由此解决了中国革命的对象、任务、动力、性质和前途，形成了关于新民主主义的系统理论、路线和纲领，指导我们取得新民主主义革命在全国的胜利，建立了中华人民共和国，并且从新民主主义过渡到社会主义，在中国建立起社会主义的基本制度。

但是，像中国这样一个脱胎于半殖民地半封建社会、经过新民主主义革命和时间不长的社会主义改造建立起来的社会主义社会，对它的基本国情应该怎样认识？从1956年起到1978年十一届三中全会，我们党对此曾做过有益的探索，但总的来说，一直没有完全搞清楚。1956年，毛泽东区分了社会主义的“建立”与“建成”两个概念，指出：“我国的社会主义制度还刚刚建立，还没有完全建成，还不完全巩固。”这是实事求是的。然而，由于社会主义建设的成就使毛泽东认为通过人的主观能动性便可以加速社会主义的发展，导致1958年我们党曾一度认为：“共产主义在我国的实现，已经不是什么遥远将来的事情了”，并发动“大跃进”和人民公社化运动，刮起一阵急于向共产主义过渡的“共产风”。我们又曾在较长的时间认为，在社会主义改造基本完成以后，我国仍然处在并将长期处在两个阶级、两条道路激烈斗争的“过渡时期”；后来又提出“以阶级斗争为纲”，政治运动接连不断，愈演愈烈，直到酿成“文化大革命”。这些错误的一个重要认识根源，就是对中国基本国情判断的失误。邓小平在总结这一时期的教训时指出：“不要离开现实和超越阶段采取一些‘左’的办法，这样是搞不成社会主义的。”①

1979年3月，邓小平强调指出：“过去搞民主革命，要适合中国情况，

---

① 邓小平．邓小平文选：第2卷［M］．北京：人民出版社，1994：312.

走毛泽东同志开辟的农村包围城市的道路。现在搞建设，也要适合中国情况，走出一条中国式的现代化道路。”①适合中国情况，就是要认清中国的基本国情，从中国的基本国情出发，思考和探索中国社会主义的现代化道路。1979年9月，党的十一届四中全会通过了叶剑英在庆祝中华人民共和国成立30周年大会上的讲话，指出“社会主义制度还处于幼年时期”，“我国现在还是发展中的社会主义国家，社会主义制度还不完善，经济和文化还不发达”。同年冬，邓小平提出到20世纪末的发展目标是实现小康社会，相对于原来“本世纪末实现现代化”的提法，这是“改了一个口”，强调了在中国实现现代化是一个需要更长时间的历史过程。经过这些思想酝酿，1981年6月十一届六中全会的《中共中央关于建国以来党的若干历史问题的决议》做出了“我们的社会主义制度还是处于初级的阶段”的判断。1982年9月十二大报告再次指出：“我们的社会主义社会现在还处在初级发展阶段。”这两次会议都只提出了初级阶段或初级发展阶段的概念，而没有展开分析。1986年9月十二届六中全会又提出了“我国还处在社会主义的初级阶段”，并且以此为根据，指出在相当长的历史时期内，还要在以公有制为主体的前提下发展多种经济成分，在共同富裕的目标下鼓励一部人先富起来。这些探讨为社会主义初级阶段理论奠定了初步的基础。

1987年10月，党的十三大报告用专门的篇幅系统、全面地论述了我国正处在社会主义初级阶段，社会主义初级阶段理论形成。根据邓小平批准的设计，十三大报告把中国还处在社会主义初级阶段作为整个报告立论的基础，从这个基本国情出发，来说明我国经济建设、经济体制改革、政治体制改革、党的建设、避免“左”“右”两种倾向的各种任务。十三大召开前夕，邓小平在向外宾介绍时说：“我们党的十三大要阐述中国社会主义是处在一个什么阶段，就是处在初级阶段，是初级阶段的社会主义。社会主义本身是共产主义的初级阶段，而我们中国又处在社会主义的初级阶段，就是不发达的阶段。一切都要从这个实际出发，根据这个实际来制订规划。”②十三大召开之后，邓小平又向外宾介绍说：十三大的特点之一，是“阐述了中国社会主义初级阶段的理论，在这个理论指导下，坚定地贯彻党的十一届三中全会以来的路线、方针和政策”③。

① 邓小平. 邓小平文选：第2卷［M］. 北京：人民出版社，1994：163.
② 邓小平. 邓小平文选：第3卷［M］. 北京：人民出版社，1993：252.
③ 邓小平. 邓小平文选：第3卷［M］. 北京：人民出版社，1993：258.

1992年，党的十四大报告对邓小平建设有中国特色社会主义理论的指导意义做了高度的评价，对这个理论的主要内容做了系统的概括，论述了社会主义初级阶段理论是建设有中国特色社会主义理论的重要内容，并在这个理论体系中处于基础地位。

1997年，党的十五大进一步强调我国现在处于并将长期处于社会主义初级阶段，对我国社会主义初级阶段的基本特征、发展进程、主要矛盾和根本任务等做了更加系统的论述。十五大报告指出："十一届三中全会前我们在建设社会主义中出现的失误的根本原因之一，就在于提出的一些任务和政策超越了社会主义初级阶段。近二十年改革开放和现代化建设取得成功的根本原因之一，就是克服了那些超越阶段的错误观念和政策，又抵制了抛弃社会主义基本制度的错误主张。这样做，没有离开社会主义，而是在脚踏实地建设社会主义，使社会主义在中国真正活跃和兴旺起来，广大人民从切身感受中更加拥护社会主义。"针对新的实践任务和新的思想实际，十五大报告指出："面对改革攻坚和开创新局面的艰巨任务，我们解决种种矛盾，澄清种种疑惑，认识为什么必须实行现在这样的路线和政策而不能实行别样的路线和政策，关键还在于对所处社会主义初级阶段的基本国情要有统一认识和准确把握。"①

党的十八大报告指出："我们必须清醒认识到，我国仍处于并将长期处于社会主义初级阶段的基本国情没有变，人民日益增长的物质文化需要同落后的社会生产之间的矛盾这一社会主要矛盾没有变，我国是世界最大发展中国家的国际地位没有变。在任何情况下都要牢牢把握社会主义初级阶段这个最大国情，推进任何方面的改革发展都要牢牢立足社会主义初级阶段这个最大实际。党的基本路线是党和国家的生命线，必须坚持把以经济建设为中心同四项基本原则、改革开放这两个基本点统一于中国特色社会主义伟大实践，既不妄自菲薄，也不妄自尊大，扎扎实实夺取中国特色社会主义新胜利。"

党的十九大报告指出："中国特色社会主义进入新时代，我国社会主要矛盾已经转化为人民日益增长的美好生活需要和不平衡不充分的发展之间的矛盾。我国稳定解决了十几亿人的温饱问题，总体上实现小康，不久将全面建成小康社会，人民美好生活需要日益广泛，不仅对物质文化生活

① 江泽民．高举邓小平理论伟大旗帜，把建设有中国特色社会主义事业全面推向二十一世纪．

提出了更高要求，而且在民主、法治、公平、正义、安全、环境等方面的要求日益增长。同时，我国社会生产力水平总体上显著提高，社会生产能力在很多方面进入世界前列，更加突出的问题是发展不平衡不充分，这已经成为满足人民日益增长的美好生活需要的主要制约因素。”“我国社会主要矛盾的变化，没有改变我们对我国社会主义所处历史阶段的判断，我国仍处于并将长期处于社会主义初级阶段的基本国情没有变，我国是世界最大发展中国家的国际地位没有变。”

2.社会主义初级阶段的内涵

社会主义初级阶段是一个具有特定内涵的科学概念。党的十三大曾明确指出，社会主义初级阶段的论断包括两层基本含义：第一，我国社会已经是社会主义社会。我们必须坚持而不能离开社会主义。第二，我国的社会主义社会还处在初级阶段。我们必须从这个实际出发，而不能超越这个阶段。也就是说，中国走的是社会主义道路，这是国情；中国正处于并将长期处于社会主义初级阶段，这也是国情。必须把“社会主义”和“初级阶段”这八个字统一起来认识和把握。

我国社会已经是社会主义社会，这是对我国当前社会制度的基本性质的总概括和总规定。因为我国社会主义改造基本完成以后，已经建立起社会主义的基本制度。在经济上，原来的剥削制度和剥削阶级已经基本消灭，社会主义公有制已在城乡普遍建立起来；在政治上，国家的一切权力已经属于人民，人民民主专政的政权已经成为社会主义政权；在意识形态上，马克思主义居于指导地位。社会主义基本制度的建立，是我们党和人民经过长期艰苦奋斗所取得的胜利成果，是我国国情的一个基本的方面。我们不能忽视这个基本国情，必须坚持而不能离开社会主义。

我国的社会主义还处于初级阶段，这是对我国社会主义社会发展程度、发展水平的总认识和总判断。这是因为，我国的社会主义初级阶段不是泛指任何国家进入社会主义都要经历的起始阶段，而是特指我国在生产力落后、商品经济不发达的条件下建设社会主义必然要经历的特定阶段。从20世纪50年代中期社会主义改造基本完成，到21世纪中叶社会主义现代化基本实现，至少一百年，都属于社会主义初级阶段。这个阶段既不同于社会主义经济基础尚未奠定时期，又不同于已经基本实现了现代化的阶段。在我国的具体国情下，社会主义初级阶段是一个相当长的发展阶段。

3.社会主义初级阶段的特征

社会主义初级阶段的基本特征，用一句话来概括，就是不发达的社会主义。社会主义初级阶段是一个改变这种不发达状况的过程。这个过程的特征在十五大报告中是这样进行概括的：

（1）逐步摆脱不发达状况，基本实现社会主义现代化的历史阶段。这是对初级阶段发展进程的一个总的概括。

（2）由农业人口占很大比重、主要依靠手工劳动的农业国，逐步转变为非农业人口占多数，包含现代农业和现代服务业的工业化国家的历史阶段。这里说的是工业化过程，不仅突出了就业人口比重和产值构成比重的变化，而且突出了产业结构的优化升级，是将传统工业化和新技术革命结合起来的双重历史任务的工业化过程。这讲述了初级阶段实现工业化和现代化过程的特点。

（3）由自然经济和半自然经济占很大比重，逐步转变为经济市场化程度较高的历史阶段。这讲述了初级阶段经济方式变化的特点。

（4）由文盲和半文盲占很大比重，科技、教育、文化落后，逐步转变为科技、教育、文化比较发达的历史阶段。这讲述了初级阶段社会主义文化建设的特点。

（5）由贫困人口占很大比重、人民生活水平比较低，逐步转变为全体人民比较富裕的历史阶段。这讲述了初级阶段人民生活状况的特点。

（6）由地区经济文化很不平衡，通过有先有后的发展，逐步缩小差距的历史阶段。这讲述了初级阶段地区协调发展的特点。

（7）通过改革和探索，建立和完善充满活力的社会主义市场经济体制、社会主义民主政治体制和其他方面体制的历史阶段。这讲述了初级阶段社会主义制度在改革中自我完善过程的特点。

（8）广大人民牢固树立建设有中国特色社会主义共同理想，自强不息、锐意进取、艰苦奋斗、勤俭建国，在建设物质文明的同时努力建设精神文明的历史阶段。这讲述了初级阶段人们的精神状态和两个文明协调发展过程的特点。

（9）逐步缩小同世界先进水平的差距，在社会主义基础上实现中华民族伟大复兴的历史过程。这是从当代世界的比较和中国历史的发展中来看我国社会主义初级阶段的历史使命。这也是一个总的概括，是初级阶段中华民族实现伟大复兴过程的特点。

（三）党在社会主义初级阶段的基本路线和基本纲领

1.党在社会主义初级阶段的基本路线

1978年12月召开的十一届三中全会，确立了一心一意搞四个现代化的政治路线，把党和国家的工作中心转移到经济建设上来，做出了改革开放的战略部署，并且针对拨乱反正过程中出现的错误思潮，旗帜鲜明地强调必须坚持社会主义道路、坚持人民民主专政、坚持中国共产党的领导、坚持马克思列宁主义和毛泽东思想。“一个中心，两个基本点”的思想开始形成，奠定了党在新时期的基本路线的基础。党的十三大前夕，邓小平提出：“搞社会主义现代化建设是基本路线。要搞现代化建设使中国兴旺发达起来，第一，必须实行改革、开放政策；第二，必须坚持四项基本原则。”①

根据这个思想，十三大对党的基本路线做了如下概括，即在社会主义初级阶段，我们党建设有中国特色社会主义的基本路线是：领导和团结全国各族人民，以经济建设为中心，坚持四项基本原则，坚持改革开放，自力更生，艰苦创业，为把我国建设成为富强、民主、文明的社会主义现代化国家而奋斗。“一个中心、两个基本点”是这条基本路线的主要内容和简明概括。

党的十七大通过的党章又把“和谐”与“富强、民主、文明”一起写入了基本路线。

党的十八大提出了“五位一体”的总的发展布局，即经济建设、政治建设、文化建设、社会建设和生态建设，相应地建设物质文明、政治文明、精神文明、社会文明和生态文明。这表明经过多年的实践和探索，中国共产党对奋斗目标的认识逐渐深化，实现了中国特色社会主义事业总体布局与奋斗目标的有机统一。

党的十九大报告指出：全党要牢牢把握社会主义初级阶段这个基本国情，牢牢立足社会主义初级阶段这个最大实际，牢牢坚持党的基本路线这个党和国家的生命线、人民的幸福线，领导和团结全国各族人民，以经济建设为中心，坚持四项基本原则，坚持改革开放，自力更生，艰苦创业，为把我国建设成为富强、民主、文明、和谐、美丽的社会主义现代化强国而奋斗。

---

① 邓小平．邓小平文选：第3卷［M］．北京：人民出版社，1993：248.

党的“一个中心、两个基本点”的基本路线是一个紧密结合的完整统一体。其中，经济建设是核心、主体，改革开放为经济建设提供动力，四项基本原则为经济建设和改革开放提供可靠的政治保证。在整个社会主义初级阶段，我们必须坚持党的基本路线不动摇。坚持以经济建设为中心不动摇，是坚持党的基本路线不动摇的关键。如果动摇了经济建设这个中心，两个基本点就失去了依托，也就动摇了整个基本路线；坚持党的基本路线不动摇，必须把改革开放和四项基本原则统一起来，必须坚持两个基本点；坚持基本路线不动摇，必须正确处理改革、发展和稳定的关系。经济建设是一切工作的中心，改革是推动发展的动力，发展和改革是稳定的基础，而稳定是发展和改革不可缺少的条件。中国问题，压倒一切的是稳定。必须把改革的力度、发展的速度和社会可以承受的程度统一起来，在社会政治稳定中推进改革、发展，在改革、发展中实现和巩固政治稳定。只有这样，才能全面地贯彻执行党的基本路线。

2.党在社会主义初级阶段的基本纲领

1997年9月召开的党的十五大不仅重申了党的社会主义初级阶段的基本理论，而且第一次明确提出党在整个社会主义初级阶段的基本纲领。这个基本纲领围绕社会主义现代化的目标，展开为三个主要方面：

（1）建设有中国特色的社会主义经济，就是在社会主义条件下发展市场经济，不断解放和发展生产力。这就要坚持和完善以社会主义公有制为主体、多种所有制经济共同发展的基本经济制度；坚持和完善社会主义市场经济体制，使市场在国家宏观调控下对资源配置起基础性作用；坚持和完善以按劳分配为主体的多种分配方式，允许一部分地区、一部分人先富起来，带动和帮助后富，逐步走向共同富裕；坚持和完善对外开放，积极参与国际经济合作和竞争。保证国民经济持续、快速、健康发展，人民共享经济繁荣成果。

（2）建设有中国特色的社会主义政治，就是在中国共产党的领导下，在人民当家做主的基础上，依法治国，发展社会主义民主政治。这就要坚持和完善工人阶级领导的、以工农联盟为基础的人民民主专政；坚持和完善人民代表大会制度和共产党领导的多党合作、政治协商制度以及民族区域自治制度；发展民主，健全法制，建设社会主义法治国家，实现社会安定，政府廉洁高效，全国各族人民团结和睦、生动活泼的政治局面。

（3）建设有中国特色的社会主义文化，就是以马克思主义为指导，以培育有理想、有道德、有文化、有纪律的公民为目标，发展面向现代化、面向世界、面向未来的，民族的、科学的、大众的社会主义文化。这就要坚持用邓小平理论武装全党，教育人民；努力提高全民族的思想道德素质和教育科学文化水平；坚持为人民服务、为社会主义服务的方向和百花齐放、百家争鸣的方针，重在建设，繁荣学术和文艺。建设立足中国现实、继承历史文化优秀传统、吸取外国有益成果的社会主义精神文明。

以上建设有中国特色社会主义的经济、政治、文化的基本目标和基本政策，有机统一，不可分割，共同构成党在社会主义初级阶段的基本纲领。这个纲领是邓小平理论的重要内容，是党的基本路线在经济、政治、文化等方面的展开。这个基本纲领是我们党总结近些年来我国社会主义现代化建设的实践和贯彻执行党的基本路线的经验，从而把这条基本路线变为指导我们各项工作的便于操作的基本纲领。这个基本纲领对深入理解和掌握邓小平理论，坚持党的基本路线不动摇，明确党在社会主义初级阶段的目标和任务，统一全党的思想，团结全国各族人民为建设有中国特色社会事业而奋斗，具有重要意义。

第二节　社会主义初级阶段的分配

党的十九大报告指出："坚持按劳分配原则，完善按要素分配的体制机制，促进收入分配更合理、更有序。鼓励勤劳守法致富，扩大中等收入群体，增加低收入者收入，调节过高收入，取缔非法收入。坚持在经济增长的同时实现居民收入同步增长、在劳动生产率提高的同时实现劳动报酬同步提高。拓宽居民劳动收入和财产性收入渠道。履行好政府再分配调节职能，加快推进基本公共服务均等化，缩小收入分配差距。"这是社会主义初级阶段分配制度的价值取向，是体现社会主义制度优越性的根本所在。

一、社会主义初级阶段的按劳分配制度

（一）按劳分配的基本内涵

在社会主义条件下，凡有劳动能力的社会成员都必须参加社会劳动；社会按劳动者提供的劳动的质和量分配个人消费品；等量劳动领取等量报酬，多劳多得，少劳少得，不劳不得。社会按劳动者提供的劳动分配的产

品，只是社会总产品的一部分。社会总产品在对个人进行分配以前，首先要做下列各项必要的扣除：①用于补偿消费掉的生产资料的部分；②用于扩大生产的追加部分；③用于应付不幸事故、自然灾害等的社会后备基金或社会保障基金。做了这三项扣除后，剩下的社会总产品中的其他部分用作消费资料，在这部分中还要做如下扣除：①扣除和生产无关的一般管理费用；②扣除用于满足共同需要的部分，如学校、保健设施等；③扣除为丧失劳动能力的人等设立的基金。上述各项扣除之后，社会总产品才在劳动者之间按劳动的质和量进行分配。

（二）坚持以按劳分配为主体

邓小平指出，在社会主义阶段，“必须实行按劳分配，必须把国家、集体和个人利益结合起来，才能调动积极性，才能发展社会主义的生产”。他还指出：“为国家创造财富多，个人收入就应该多一些，集体福利就应该搞得好一些。不讲多劳多得，不重视物质利益，对少数先进分子可以，对广大群众不行，一段时间可以，长期不行。”

个人消费品实行按劳分配，是由社会主义社会的客观经济条件决定的：

第一，生产资料社会主义公有制是实行按劳分配的前提条件。生产资料公有制使劳动者成为生产资料的共同主人，排除了依靠生产资料所有权无偿占有他人劳动成果的可能性。同时，按劳分配又是劳动者对生产资料共同占有权在收入分配上的实现形式。

第二，在社会主义条件下，劳动的谋生性和差别性是实行按劳分配的直接原因。在社会主义阶段，劳动者还没有得到全面发展，旧的社会分工还没有消失，劳动还是谋生的手段，这就决定了必须默认不同等的个人天赋、不同等的劳动能力是“天然特权”，必须承认劳动者所提供劳动的差别性，把劳动和劳动报酬联系起来。只有这样，才能调动劳动者的积极性，促进生产力发展。

第三，社会主义条件下社会生产力的发展水平是实现按劳分配的物质基础。社会主义社会生产力的发展水平还不够高，社会产品还没有达到极大丰富的程度，只能实行按劳分配。由此可见，按劳分配是由社会主义的客观经济条件所决定的，具有客观必然性，是社会主义的特有经济规律。

在社会主义初级阶段和社会主义市场经济条件下，按劳分配的实现形式与马克思的设想还存在很大差别，呈现出一些新的特点：

（1）按劳分配的主体是企业，而不是社会。公有制企业还是自主经营、自负盈亏的经济实体，具有相对独立的经济利益。因此，企业根据劳动者向企业提供的劳动数量和质量及企业的经营状况来进行个人收入的分配。劳动者也直接从企业领取劳动报酬。

（2）在市场经济条件下，企业只有将产品售出，将个别劳动转化为社会必要劳动、转化为价值，才能进行个人收入的分配，所以劳动者取得收入的多少，不仅取决于个人的劳动，而且受市场因素的影响，受价值实现程度的影响。

（3）在市场经济条件下，劳动者领取的是货币工资，因此，按劳分配的实现程度必然要受到市场供求、价格、货币的实际购买力、市场平均工资率的影响。

（4）在社会主义初级阶段，按劳分配是公有制经济中的基本分配原则，但不是社会的唯一分配原则。社会主义市场经济条件下按劳分配实现形式的上述特点，并没有改变按劳分配的实质，只是其实现形式与市场经济运行方式的结合。

坚持以按劳分配为主体的分配方式，是社会主义的一个重要特征。以按劳分配为主体，意味着在社会分配结构中和公有制经济的个人收入分配结构中，按劳分配是主要的分配方式；在全社会分配总额中和公有制经济劳动者个人收入总额中，按劳分配是主要的分配方式，是劳动者收入的主要来源；在分配关系中，按劳分配起主导作用。

二、社会主义初级阶段的按要素贡献分配

社会主义初级阶段的收入分配制度既要强调按劳分配的主体地位，也必须采取多种分配方式并存的制度，贯彻劳动、土地、资本等各种要素按贡献参与分配的原则。

（一）按要素贡献分配的必要性

（1）按生产要素贡献分配，是由各种要素在财富创造过程中的作用所决定的，也是市场经济中所有权规律的内在要求。劳动力只有与其他生产要素相结合才能成为现实生产力，发挥创造使用价值和价值的作用，各种因素都是财富创造过程中不可或缺的元素。在市场经济中要让各类要素的

所有者愿意让渡其所拥有的要素的使用权，必须对要素所有者给予必要的经济补偿，这是所有权规律的内在要求，也是价值规律、等价交换规律的体现。

（2）多种要素按贡献参与分配也是由社会生产力的发展水平决定的。在生产力还没有发展到社会物质极大丰富、旧的社会分配关系尚未完全消除之前，一定社会所拥有的技术、信息及生产资料等各类经济资源在全局或局部范围内都具有稀缺性的特点。为了能够充分调动各类要素所有者的积极性，使他们愿意将自己拥有的经济资源投入经济活动中，必须以物质激励的方式而不是以强制或剥夺的方式来加以引导，只有这样才能促进生产发展更大限度地增加社会财富。

（3）按生产要素贡献分配，是由我国现阶段多种所有制经济并存、公有制实现形式多样化的客观现实所决定的。

（二）按要素贡献分配的实现形式

社会主义初级阶段除按劳分配之外还存在其他按要素贡献分配的形式，大体可以分为以下几种：

（1）个体劳动收入，即城乡个体劳动者使用自己的生产资料、依靠本人家庭成员的生产经营活动所取得的收入。

（2）按劳动力价值取得收入，主要是指在私营企业及外资经济中工作的劳动者所获得的工资收入，是他们劳动力价值的转化形式。

（3）资本收入，是指私营企业主凭借生产资料所有权而无偿占有雇佣劳动者创造的剩余价值所取得的收入，以及外商投资经济中外商以同样的方式所取得的利润。

（4）资产收益，是指随着生产要素的市场化，企业将属于自己所有的资金以横向联合等方式向其他企业投资、参股，或向银行及其他市场主体提供资金等形式而取得的利润、股息、红利、利息等收入。劳动者购买债券、股票、向银行存款所取得的利息、股息等收入，也是一种变相的资产收入。

（5）经营收益，是指在承包、租赁等经营方式下企业经营者所取得的收入。它既包括经营者通过经营劳动所取得的劳动报酬，又包括经营者在经营中承担的各种市场风险的补偿。此外，经营收益还包括生产状况较好的公有制企业所多得的收益，以及个体经营、农村专业户、联产承包责任制下农民收入中除劳动收入外的经营收入。

（6）其他生产要素收入，是指技术转让收入、技术和信息咨询服务收入、土地和房屋使用权的转让收入等。

以上几种分配方式，已不仅仅是个人消费品的分配，而是个人收入的分配，基本上都属于按生产要素分配。生产要素所有者所投入的资本、技术、劳动力、信息、土地等，都理应取得相应的收益。所以，把按劳分配与按生产要素分配结合起来，不仅是市场经济发展的必然，而且有利于各种资源的充分利用，有利于生产力的发展，有利于增加社会财富、提高人民生活水平。

三、正确认识当前我国的收入差距

改革开放以来，随着以按劳分配为主、多种分配方式并存的个人收入分配制度的贯彻和实施，我国居民收入差距不断拉大。在城乡之间、行业之间、不同社会阶层之间，以及各部门、各阶层内部，当前收入差距扩大的趋势仍在继续。对这种收入差距的扩大趋势必须一分为二、辩证地来看，对于那些非法所得必须严格取缔；对于不公平制度、制度漏洞，以及体现在城乡之间、行业之间的制度差异而导致的收入差距，必须通过制度建设从根本上加以解决；对于收入分配制度变革引起的差距部分，要以调节过高收入、保障基本收入、扩大中等收入者的比重为目标，通过国家收入分配政策的调节加以适当平衡。同时，正确认识和看待收入差距，特别是要正确处理好先富与后富、效率与公平的关系。

（一）先富与后富的关系

共同富裕既是社会主义的最终目标，也是社会主义的根本原则。一部分人、一部分地区先富裕起来之后还要帮助、带动后富裕者走向共同富裕。贫穷不是社会主义，只有少数人富裕也不是社会主义。如果我们的政策导致两极分化，那么中国的改革就失败了。所以在一部分人、一部分地区先富裕起来后国家需要通过各种经济制度和政策，如转移支付制度、社会保障制度，以及信贷、税收优惠政策等，加大对落后地区、贫困人口的扶持力度，帮助落后地区和贫困人口走向共同富裕。同时，我们也需要通过宣传教育及政策引导等方式支持、鼓励先富裕起来的人和地区带动帮助后富者和地区。

（二）效率与公平的关系

效率与公平的关系是构建社会主义和谐社会的核心问题之一。效率是投入与产出或成本与收益的对比关系。在社会主义初级阶段，狭义的效率就是指如何保持财富不断增长。公平是有关经济活动的规则、权利机会和结果等方面的平等和合理，它是调节社会关系和财富分配关系的一种规范。马克思主义认为公平是历史的、相对的，不是永恒的。它不只是一种主观观念，而且具有客观的内容，受制于国家特定的社会经济结构、政治结构和文化结构，具有相对性、历史性和客观性。只有兼顾二者，才能把经济发展与改善民生更好地结合起来。

复习思考题

1.社会主义市场经济中微观收入分配与宏观收入调节有何不同？
2.如何理解和实现社会主义市场经济条件下收入分配的公平？
3.试论我国产业结构存在的主要问题及对策。
4.阐述技术创新与经济结构演进之间的关系。
5.阐述政府在社会主义市场经济条件下调节经济的必要性。

[第八章]

社会主义经济运行

社会主义经济运行形式是马克思主义发展史上一个颇有争议的问题。马克思和恩格斯认为，完备的社会主义将实行计划经济，合理地组织社会生产。列宁、斯大林、毛泽东在社会主义实践中，一方面身体力行马克思和恩格斯提出的计划经济思想，另一方面都根据社会生活的实际，提出商品货币关系还在一定时期内存在的思想。邓小平总结了社会主义运动中的经验教训，冲破了传统计划经济体制最顽固的理论堡垒，认为在社会主义初级阶段必须大力发展社会主义市场经济，同时发挥国家对经济集中调控的优势，丰富和发展社会主义经济运行形式理论。

第一节　社会主义微观经济运行

一、市场经济的一般规定

市场经济是以市场为基础配置资源的经济形式。综观世界各主要国家的实践，市场经济具有以下一般性特征：

1.企业行为自主化

市场经济中企业作为独立的法人实体和市场竞争主体，自主经营、自负盈亏。法律赋予它们以法人财产权，各自以其全部资产在价格、供求、竞争等市场机制的引导下开展生产经营活动。有关生产经营的一系列重要决策，包括生产什么、生产多少、怎样生产等问题都由自己来完成。对于社会而言，企业是参与市场活动的细胞组织，小到面包，大到飞机等物品，都由企业生产并提供给市场。从这个意义上讲，没有企业也就没有现代市场经济，企业是市场经济的微观基础。

2.微观经济活动和经济运行市场化

在市场经济中市场是联系人们经济关系的纽带。各个微观经济主体以买者或卖者的身份出现在市场中，与其他经济主体发生关系，并借助于他们的市场活动来实现自身的物质利益。市场中的价格、供求、竞争等要素和机制成为引导人们经济行为和活动的主要力量。这些经济机制作用于人们之间的经济关系，使市场参与者优胜劣汰，通过引导人们的经济行为，调节资源在各部门的自发流动和配置。

3.市场体系完善化

现代市场经济中，商品成为社会财富的细胞形式，人们生产所需要的各类生产要素和生活所需要的各种消费资料，绝大多数需要依靠市场交换来获得，由此形成了由消费资料市场和基本生产资料市场构成的一般商品市场，以及由金融、技术、信息、劳动力、产权等市场构成的生产要素市场。这些市场在运行中相互交织，形成一个统一、完整、开放、竞争、有序的市场体系。

4.宏观调控间接化

政府对经济的宏观干预和调节，是现代市场经济的一大特色。政府借助于价格、利息率、汇率等市场杠杆，通过这些经济杠杆的变化引导微观主体的经济行为，促使资源配置更加合理化，从而确保经济的持续、健康发展。但是与计划体制下以指令性计划为主的调控不同，市场经济中政府实施的宏观调控是以间接调控为主的，即政策的主要着眼点在调控市场，而不是直接地、强制性地干预微观主体的经济行为。

5.市场规则法制化

市场经济是法制经济。各类经济活动和由此引发的权、责、利关系都需要建立在法律的认可与保护下。有法可依、有法必依，是维护平等竞争的市场秩序的基础。任何个人和单位都不能有超越于法律之外的超经济权利。在法制的约束和保护下市场才能有序运行。

6.社会保障制度化

市场运行的过程中，竞争引起的优胜劣汰、经济结构变迁引起的就业工种转换，以及意外或突发事故等因素都会增大社会成员的生存与生活风险。因此，建立健全社会保障体系并使之制度化就成为市场经济制度建设的必要环节。现代市场经济国家都形成了各具特色的社会保障制度，构成了社会发展的稳定器、经济波动的减震器和保障人民基本生活的防护网。

二、市场经济主体

市场经济的微观主体包括企业、居民、政府、其他非营利性机构和一些中介组织等。市场经济的微观主体主要是指企业和居民。尽管政府也是市场的交易主体之一，但政府不是典型意义上的商品和服务的供给者和需求者。政府一方面以调节者的身份运用各种手段对经济运行进行调节和干预，执行宏观经济调控的职能；另一方面，政府还参与或主导市场制度的建设、交易秩序的维护，履行协调社会经济等各方面平衡发展的职责。

企业是市场经济中最重要的交易主体，是市场上最重要的需求者和供给者。企业需要从市场上获取各类生产要素，同时作为供给者，企业向市场提供商品或服务以实现市场交易。企业只有通过市场交易才能使商品的价值得以实现，才能收回投资和实现盈利。同样，居民个人也具有这种双重属性。居民既是市场经济中的需求主体，也是市场经济中的供给主体。居民个人的多层次需求，虽然也可以通过自给自足的方式得到部分或全部满足，尤其是农村居民在这方面表现得更为明显，但是，随着社会分工的不断深化，由分工所引起的个人专业化程度也会不断提高，居民个人的需求只能越来越在更大程度和更大范围上从市场交易中得到满足。因此，居民个人作为消费者，成为市场经济中的购买主体之一，在由可支配收入水平决定的预算约束条件下，按照个人效用最大化原则，根据个人的偏好购买消费品；居民个人作为要素供给主体提供人力资源或非人力资源，并借此取得相应的收益。

在市场经济中，所有参与交易活动的买方、卖方都是市场的交易主体，但最重要的市场经济微观主体则是企业和居民这两类。市场是微观经济主体相互联系的纽带。企业要进入市场需要进行生产要素的购买和产品的销售，居民个人则要在市场上依据市场供求和自身需求、偏好进行相应的决策和选择。企业、居民都必须通过市场建立经济联系以完成微观经济活动。微观经济主体既是市场价格的制定者，又是价格的接受者；既决定着市场运行，又接受市场调节。企业和居民的经济联系表现为商品价值关系，因而受到价值规律的制约。价值规律支配着企业和居民的生产决策、储蓄决策和投资决策，使之符合市场经济对社会资源进行有效配置的要求。在价值规律的调节之下，企业和居民之间会形成相互竞争合作的关系。这种竞争合作有时发生在买卖双方之间，有时发生在卖方之间或买方之间。竞争合作成为市场经济条件下推动资源优化配置和经济发展的最大动因。

总之，市场经济条件下，微观经济主体之间的经济活动是通过市场上的交易关系体现，通过市场来完成的，市场对资源配置起基础性的作用，并且承载微观经济主体的交易活动。微观经济主体间交易活动效率的提高是市场运行效率提高的前提，同时，市场运行的效率又受到市场供求机制、竞争机制、价格机制的制约，并最终制约微观经济主体间交易活动的效率。

三、市场机制和市场体系

市场机制是市场构成各要素之间的相互联系及运行机制。从构成要素看，市场机制由供求、竞争、价格、利率、风险、工资、汇率等多个因素构成，这些要素之间既相对独立，又相互联系和作用，从而形成了供求机制、竞争机制、价格机制、利率机制、风险机制、工资机制、汇率机制等市场机制的组成部分。

市场体系是各类市场密切联系、相互制约、相互作用所构成的有机统一体。它是市场机制发挥作用的必要条件。在人类历史发展中，市场体系是一个不断完善的动态过程，生产力发展水平和社会分工的发育程度对市场体系的构成及内部联系具有决定性作用。而商品经济发展状况则直接影响着市场体系的发育。从交易对象来看，现代市场体系主要由商品市场和要素市场构成。商品市场包括消费资料市场和生产资料市场；要素市场包括金融市场、劳动力市场、技术市场、信息市场、房地产市场和产权市场等。此外，除这两大类市场外，现代市场体系还包括诸如旅游市场、娱乐市场、文化市场、运输市场等。现代市场体系也可以从其他角度进行分类。例如，根据买卖双方市场地位不同，可将其分为买方市场和卖方市场；根据交易主体的数量、单个交易主体对价格的影响力、进入和退出市场的难易程度、各类生产者所提供的产品有无差异等因素，可分为完全竞争市场、垄断竞争市场、寡头市场和不完全竞争市场；根据交易空间要素不同，可分为农村市场、城市市场、区域性市场、全国性市场和国际市场等。

经过40年的改革，我国市场机制和市场体系建设取得了突破性进展，基本形成了产权多元化的市场微观经济基础，由市场供求形成价格的商品市场体系基本形成，土地、资本、劳动力、技术和信息等要素市场体系初步建立，并进一步发展和完善，市场配置资源的基础性地位已经确立。但从整体上来看，统一、开放、竞争、有序的现代市场体系还有待于进一步完善，市场机制的功能也尚待健全，当前市场运行中还存在许多问题。其主要表现在：

（1）市场主体发育尚不成熟。国企改革进入攻坚阶段，现代企业制度的任务尚未完成；各种非国有经济实体组织制度不健全；在参与国际竞争的过程中，我国企业整体上竞争力偏弱，不能适应经济全球化和国际竞争的要求。

（2）市场体系发育不平衡。生产要素市场发育明显滞后于商品市场，相关商品的比价体系和差价体系还未完全理顺，能源产品价格改革有待深化；城乡二元制结构矛盾比较突出；区域市场发育不平衡；各类市场供求关系不协调。

（3）二元体制矛盾依然存在。在体制转轨中，传统计划经济体制影响的价格关系尚未理顺。

（4）各类中介组织发展较慢，功能不健全，制约着市场化进程。我国各类中介组织在发展中还存在与政府部门没有完全脱钩、中介组织服务意识不强、人员素质不高、专业化水平偏低、规模偏小、社会信用较低等问题，需要进一步改善。

针对以上问题，我国完善社会主义市场经济体制，在市场机制和市场体系的建设中需要做好以下工作：

（1）积极培育和发展各类市场主体，促进各类市场主体平等参与市场竞争。坚持政企分开原则，健全国有资产管理体制，深化国有企业改革，完善公司法人治理结构；鼓励和支持各种非公有制经济实体在竞争中做大做强；大力发展各种中介组织。

（2）健全市场机制。继续深化价格体制改革，健全主要由市场形成的价格机制，发挥市场配置资源的作用；着力培育相关商品的合理比价体系和差价体系；建立与完善现代产权制度。

（3）继续培育和完善现代市场体系。继续发展和完善商品市场，重点培育和规范各种资本、劳动力、土地、技术等要素市场。

第二节　社会主义宏观经济运行

一、国民收入与社会保障制度

（一）国民收入与分配

1.国民收入

国民收入是全体劳动者当年新创造的社会财富，既是生产力水平的集中体现，又是生产发展和人民生活水平提高的现实源泉。国民收入分配是社会再生产过程的重要环节之一，联结着生产和消费。国民收入经过初次分配和再分配，最终形成消费基金和积累基金。消费基金主要用于满足劳动者个人及其家庭的消费需要；积累基金则是经济增长的主要推动力和源泉，所以国民收入的分配直接关系到人们美好生活需要的满足和整个国民经济的发展。

马克思主义经济学对国民收入的界定源于马克思对社会总产品的阐释。所谓社会总产品，是指一个国家在一定时期（通常为一年）内由各个物质生产部门的劳动者所生产出来的全部物质产品的总和。在商品经济条件下，可以从实物形态和价值形态两方面来考察社会总产品的构成。从实物形态看，社会总产品表现为当年所生产出来的全部生产资料和消费资料的总和，是发展生产和满足人民需要的物质基础。社会总产品中的生产资料，一部分用来补偿在社会再生产过程中已经耗费的生产资料，以维持社会简单再生产；超过补偿部分的剩余部分，可以用于扩大再生产，以促进生产的不断发展。社会总产品中的消费资料，一部分用来补偿劳动力再生产的需要，其余部分则用于满足广大人民的美好生活需要和新增人口的消费需要，以增进社会福利。所以，社会总产品的实物形式及构成，关系到社会主义生产的发展和人民福利水平的提高，是物质生活和精神生活的基础。

分配是社会再生产的一个重要环节，国民收入分配是社会再生产正常连续进行的前提条件。具体说来，国民收入分配在社会主义再生产过程中的作用有：

第一，补偿功能，即通过国民收入分配补偿在以往生产过程中消耗掉的物质资源和劳动力资源，为再生产顺利进行创造条件。

第二，积累功能，即通过国民收入分配把一部分国民收入用于积累，形成新的投资基金，保证社会再生产在扩大了的规模上顺利进行。

第三，保障功能，即通过国民收入分配把一部分国民收入用于满足社会公共需要、教科文卫事业发展需要、国家管理和国防事业需要，为社会再生产顺利进行提供基本保障。

第四，调控功能，即通过国民收入分配把一部分国民收入用于经济社会调控需要，协调经济发展与社会发展，协调现期发展与可持续发展之间的关系，解决个人收入分配差距、地区发展差距等问题。

2.国民收入分配

国民收入分配包括初次分配和再分配两个过程。初次分配是指在创造国民收入的部门内部的分配，分配后形成的收入被称为原始收入，它被分割为国家收入、企业收入和居民个人收入三部分。再分配是指在初次分配的基础上在全社会范围内对国民收入进行再次分配，分配后形成的收入被称为派生收入、最终收入。

国民收入需要在创造财富的部门初次分配基础上进行再次分配的主要原因是：

第一，满足社会公共部门的需要。由于这些部门不能通过市场渠道获得收入，其生存发展需要的费用必须通过再分配来解决。

第二，满足经济建设需要。由于市场不能解决或不能完全解决一些经济部门和地区经济发展所需的资金，必须通过再分配来弥补市场的不足。

第三，满足社会保障的需要。社会保障基金是通过再分配渠道筹集和分配的。

第四，满足社会后备基金的需要。为应付重大自然灾害和其他重大突发事件，社会需要建立后备基金，也是通过再分配渠道形成的。

第五，调节个人收入分配和其他经济关系的需要。缩小个人收入分配差距、补贴政策性亏损企业、支持经济和社会发展落后地区，也是通过国民收入再分配来解决的。

国民收入再分配主要是通过国家预算进行的。所谓国家预算是指国家制订的年度财政收支计划。一方面，国家税务机关通过对企事业单位和个人的原始收入征税，形成财政预算收入；另一方面，国家财政机关再通过财政预算支出计划，把筹集到的财政资金分配出去。除国家预算渠道外，银行信贷和价格变动也会引起国民收入的再分配。银行信贷虽然不改变资金的所有权，却会改变资金的使用权，实际上是对各种原始收入的再分配。价格变动由于会引起市场主体利益结构的变化，改变各种原始收入的分配格局，因此也是国民收入再分配的一个渠道。

（二）社会保障制度

社会保障制度是指国家和社会通过立法对国民收入进行分配和再分配，对社会成员特别是生活有特殊困难的人们的基本生活权利给予保障的社会安全制度。它既是社会主义市场经济体制的一个基本构成要素，也是与这种经济体制相适应的社会体制的有机组成部分。作为市场经济的构成要素，社会保障制度通过编织基本的社会安全网，为企业改组、破产创造一个外部支持体系，为失业职工等提供基本生存和生活保障，解决市场经济不可避免的社会问题；作为社会体制的组成部分，社会保障制度服务于增进经济社会人权水平、提高居民的生活质量、实现公众福利最大化等更高的社会目标。

社会保障制度模式可以从不同角度划分，如从基本模式角度可以划分为福利型、保险型、强制储蓄型；从社会保障基金的筹集和使用方式角度可以划分为现收现付模式和个人积累模式；从保障力度角度可以划分为广泛福利型和基本保障型。这些模式的划分不是绝对的，一个国家的社会保障制度可能兼有多种理论模式的特征。

社会保障制度的基本内容主要包括5个相互联系又相对独立的系统：

（1）社会保险，是一种为丧失劳动能力、暂时失去劳动岗位或因健康原因造成损失的人口提供收入或补偿的社会和经济制度，包括养老保险、医疗保险、失业保险、工伤保险和生育保险。在发达国家，这一体系覆盖全社会的所有成员；在我国，由于社会保障制度不健全，目前只能覆盖城镇各类企业职工。

（2）社会救助，是为帮助丧失就业能力的社会成员、应付自然灾害和战争等突发事件，维持每一个社会成员最低社会生活水平而设立的，也被称为“最后一条保障线”。在我国，社会救助主要是指城市居民最低生活保障制度，农村居民目前尚未被纳入这一体系中。

（3）社会福利。广义的社会福利可以看成社会保障的近义语；狭义的社会福利指以满足居民美好生活需要和以质量为目的的保障制度，包括社会和国家为提高居民的物质生活和精神生活的水平与质量而提供的资金支持、福利设施和服务等，它是社会保障的最高层次。

（4）社会优抚，通常指政府与社会对需要帮助的特定社会成员，如残疾人和鳏寡孤独的社会扶助、帮助系统，在我国通常被称为优抚体系，如对军人和退役军人、军烈属、残疾人、见义勇为者等特殊人群的优待、扶助系统。

（5）社会互助，主要是指由各种非政府的民间机构组织和实施的，以社会成员互助或志愿者无偿服务为特征的社会保障系统，其保障形式和服务方式多种多样。在西方历史上，社会成员通过民间组织相互提供帮助，后来随着政府组织的社会保障制度的建立和完善，这种互助性保障的作用曾一度下降。随着福利国家的弊病暴露出来，这种民间互助的保障形式又再度获得生命力，成为现代社会保障体系的重要组成部分。

由于各个国家经济发展水平、历史文化传统不同，各国的社会保障制度也有重大差别。我国生产力总体水平不高，建立与社会主义市场经济相适应的社会保障制度的历史不长，还存在大量计划经济时代遗留下来的社会保障问题。我国的社会保障制度尚处于初创时期，目前只是搭建起了社会保障体系的基本框架。这一保障体系的内容主要有养老保险、医疗保险、失业保险等几项基本保险制度，以及城市居民最低生活保障制度。

1.养老保险

养老保险是国家和社会根据一定的法律和法规，为解决劳动者在达到国家规定的解除劳动义务的劳动年龄界限或因年老丧失劳动能力退出劳动岗位后的基本生活而建立的一种社会保险制度。在我国城镇企业中，现在已经基本形成了以基本养老保险为核心，辅以企业年金和个人储蓄性养老保险的多层次的养老保险体系的大体框架。我国的基本养老保险采取社会统筹与个人账户相结合的模式。城镇所有企业及其职工须履行缴纳基本养老保险费的强制性义务。基本养老金由基础养老金和个人账户养老金组成。

2.医疗保险

医疗保险是指在职工患疾病、负伤等时，由社会或企业提供必要的医疗服务或物质帮助的社会保险，以补偿疾病所带来的医疗费用。我国的基本医疗保险制度也实行社会统筹与个人账户相结合的模式。基本医疗保险覆盖城镇所有单位及职工，所有企业、事业单位和国家行政机关及其职工都须履行缴纳基本医疗保险费的强制性义务。个人账户和统筹账户分别用于支付不同的医疗费：个人账户主要用于支付一般门诊费；统筹账户主要用于支付住院费和部分慢性病门诊治疗费，并设有起付标准、最高支付限额。除基本医疗保险以外，各地还纷纷建立起补充性的医疗保险制度。如各地区普遍设立了大额医疗保险制度，这种互助性的保险体系用于支付社会统筹基金最高支付限额以上的医疗费用；一些有条件的企业还为职工建立了企业补充医疗保险；国家为公务员建立了医疗补助制度；政府还将逐步建立社会医疗救助制度，为城镇非贫困人群提高基本医疗保障。

3.失业保险

失业保险是指国家通过立法强制实行的，由社会集中建立基金，对因失业而暂时中断生活来源的劳动者提供物质帮助的制度。我国失业保险制度已经覆盖城镇所有企事业单位及其职工。按规定，所有企业和事业单位及其职工须强制性地缴纳失业保险费。领取失业保险需具备3个条件：缴纳失业保险费满1年；非本人意愿而失业；已办理失业登记并有寻找工作的意愿。失业保险金按月发放，其标准低于最低工资标准，高于城镇居民最低生活保障标准。领取失业保险金的期限与缴费年限挂钩，最长为24个月。在领取失业保险金期间，失业者患病还可以领取医疗补助，如死亡其遗属可以领取丧葬补助金和遗属抚恤金。失业保险不仅要保证失业者的基本生活，而且要支持其再就业。在领取失业保险金期间，失业者有权接受职业培训和享受职业介绍补助。

4.工伤保险和生育保险

工伤保险是劳动者在工作中或在规定的特殊情况下，遭受意外伤害或患职业病导致暂时或永久丧失劳动能力以及死亡时，劳动者或其遗属从国家和社会获得物质帮助的一种社会保险制度。

按照《工伤保险条例》《中华人民共和国社会保险法》，所有用人单位都有义务参加工伤保险，为本单位全部职工缴纳工伤保险费，支付按规定应由单位支付的有关费用和工伤职工待遇。工伤保险基金用于支付工伤职工及其家属医疗、抚恤等费用。《工伤保险条例》规定，根据不同行业的特点和事故发生情况，对企业实行差别费率和浮动费率，以保证合理负担，并鼓励企业重视安全生产，减少事故发生。

生育保险是通过国家立法，在职业妇女因生育子女而暂时中断劳动时由国家和社会及时给予生活保障和物质帮助的一项社会保险制度。《中华人民共和国社会保险法》规定，只要与用人单位签订劳动合同或形成事实劳动关系，不分男女，均应参加生育保险。

5.城市居民最低生活保障制度

城市居民最低生活保障制度是国家为解决城市居民的生活困难状况而建立的一种社会救济制度，是目前条件下有中国特色社会保障体系的一项重要内容。各省最低生活保障标准不同，都是参照《城市居民最低生活保障条例》规定的城市居民最低生活保障的基本原则、资金来源和管理办法。其保障对象是城市中收入低于最低生活保障标准的所有贫困人口；最低社会保障标准由市、县人民政府按照当地维持城市居民基本生活所必需的费用核定；所需资金由地方政府列入财政预算，纳入社会救济专项资金支出项目，专项管理，专款专用。同时，鼓励企业、社会组织和个人提供捐赠、资助，充实城市居民最低生活保障资金。

我国建立和完善社会保障制度任重道远，在目前和今后相当长一段时期内还不可能建立起覆盖全社会、全国统一制度和统一发放标准、高标准和高水平的完整的社会保障体系。不过，这并不排除按照长远目标来设计规划社会保障制度和体系，并根据可能和需要，有计划、分步骤地实现长期目标。

二、社会主义宏观调控

（一）社会主义宏观调控的必要性

在社会主义市场经济条件下，对国民经济的运行和发展实现宏观调控，是政府的一项重要职能。**社会主义宏观调控**就是政府以满足人民美好生活需要和国民经济持续、协调、健康发展为目标，综合运用经济的、计划的、法律的和必要的行政手段，对国民经济的运行和发展进行调节和控制。

1.实行宏观调控是实现社会主义生产目的和经济社会发展战略目标的需要

社会主义生产目的是满足人民日益增长的美好生活需要，为最大多数人的利益服务。这个根本目的决定了社会主义主要依靠市场机制来配置资源，同时应当借助于国家力量，通过制定和实施分阶段的经济社会发展战略，规划经济布局，运用各种经济手段、法律手段以及必要的行政手段，以更快速度、更高质量促进经济社会发展。

2.实行宏观调控是保持社会主义经济总量平衡、实行按比例配置资源的需要

市场在运行过程中，由于微观经济主体的有限理性、生产经营活动的自发性和盲目性等原因，不可避免地出现经济过热、物价上升等问题。即使总量经济保持大体平衡，也有可能出现经济结构失调问题，如部分行业产能过剩、生产能力利用不足等问题。面对这些问题，如果仅仅靠市场自身力量恢复经济，需要经历较长时间，花费较大代价，而政府通过运用各种宏观经济政策，可以做到事前调节，避免经济遭受巨大打击，保持国民经济健康发展。

3.实行宏观调控是弥补市场缺陷的需要

改革和发展必然涉及利益关系的调整，为了弥补市场机制的这种缺陷和不足，就必须由政府运用经济手段、法律手段和其他调控手段规范和调节市场，并通过市场引导国民经济按照预定的宏观经济目标运行。

4.实行宏观调控是促进国际经济合作与交流、防范和化解世界性经济风险的需要

随着经济全球化和加入世界贸易组织，我国与世界经济的融合度日益加强，企业面临的国际竞争日趋激烈，国际经济贸易摩擦会不断增多；同时，国际金融、经济危机、世界性的通货膨胀等因素，也对我国经济正常运行带来了干扰。为了与其他国家和地区共谋发展，应化解贸易纠纷和摩擦，并利用各种宏观经济政策和手段，积极应对世界性经济发展问题。

（二）我国宏观经济调控的主要目标

1.经济增长

经济增长是经济和社会发展的基础。持续、快速的经济增长是实现国家长远战略目标、提高人民生活水平的首要条件。因此，促进经济增长是宏观调控最重要的目标。为了促进经济增长，政府必须调节社会总供给与社会总需求的关系，使之达到基本平衡。

2.增加就业

就业是民生之本，是人民群众改善生活的基本前提和基本途径。促进充分就业是我国政府的责任。我国面临严峻的就业形势，一方面劳动供给数量庞大，另一方面劳动力需求有限。因此必须坚持实行促进就业的长期战略和政策，长期将增加就业的宏观调控目标落到实处，并适度控制人口和劳动力增长。

3.稳定物价

在社会主义市场经济条件下，绝大多数商品和服务的价格由市场决定，但政府可以运用货币等经济手段对价格进行调节，必要时也可以采用某些行政手段（如制止乱涨价、打击价格欺诈），以保持价格的基本稳定。

4.保持国际收支平衡

国际收支是指一个国家或地区与其他国家或地区之间由于各种交易所引起的货币收付或以货币表示的财产的转移。保持国际收支大体平衡主要指商品、服务的进出口平衡和资本流入、流出的平衡。

（三）社会主义宏观调控的主要手段

1.经济手段

经济手段是指国家运用经济政策和计划，通过对经济利益的调整来影响和调节经济活动的措施。其主要方法有：运用经济手段中的财政政策和货币政策调控经济，是规范社会主义市场经济中的政府与企业关系的需要，是尊重和利用所有权规律、充分发挥价值规律作用的必然要求，也是适应商品货币关系多变复杂特点的需要。

2.法律手段

市场经济是法制经济。法律是实现宏观调控和维持市场经济秩序的保证，可以被视为一种宏观调控手段。国家通过经济立法，制定各种必要的经济法规，可以规定企业行为的基本准则和政府行为的规范，调整各方面的经济关系，保证社会生产和流通的有序进行。

3.行政手段

行政手段是指国家通过行政机构，采取带强制性的行政命令、指示、规定等措施来调节和管理经济。在一定时期内，行政手段存在的必要性是：

第一，国民经济是一个宏大而复杂的系统，影响战略目标实现及总供给和总需求平衡的因素，不只限于经济部门的经济活动，同时包括一些非常情况下其他因素的干扰及行政部门的干预，所以从一定时期的需要出发，为了保证重点建设，满足社会急需事项，对国民经济的宏观调控不能完全排斥行政手段。

第二，在市场体系发育不充分、市场机制功能不完备的情况下，国家还不得不通过一定的行政手段干预市场活动。

复习思考题

1.怎样理解国民收入分配与再分配的关系?

2.积累基金与消费基金主要有哪些项目?

3.怎样理解社会保障体系在国民经济和社会发展中的地位和作用?

4.社会保障制度的产生和发展经历了哪几个阶段?这对中国建立和完善社会保障制度有什么启示?

5.怎样发展和完善中国的社会保障制度?

[第九章]

社会主义经济发展

本章阐述了经济增长方式向经济发展方式转变，产业经济结构、区域经济结构和二元经济结构如何优化；在经济全球化背景下，如何正确处理好对外贸易与利用外资、对外开放与发展民族经济、对外开放与国家经济安全等国民经济发展中的几个重要关系问题，实现我国社会经济持续、稳定、协调、高质量发展。在推动高质量发展方面，注重贯彻新发展理念，建设现代化经济体系。

第一节　经济发展方式

一、经济增长

（一）经济增长及其衡量标准

经济增长是指一个国家或地区在一定时期内生产的产品与服务总量的增加，即国民经济的更多产出。

衡量经济增长，一般用国内生产总值（GDP）的总量或人均量为尺度。国内生产总值作为衡量经济增长的尺度，它的优点是能够把国民经济的全部活动概括在极为简明的统计数字之中，从而可以成为表明各国经济增长的通用指标。目前GDP是世界各国衡量经济增长的基本量度。

（二）影响经济增长的因素

1.生产要素投入量

生产要素包括劳动力、资本和自然资源。生产要素投入量的增加会推动经济增长。

（1）劳动力投入量。

劳动力是最基本的生产要素之一，是经济增长的重要决定因素。在其他条件不变的情况下，劳动力投入量的增加会引起总产量和总收益的增加，从而促进经济增长。但是，劳动力投入量不能无限制地增加，由于边际生产力递减规律的作用，总产量和总收益会减少，从而不利于经济增长。

（2）资本投入量。

资本也是最基本的生产要素之一，具有实物和货币两种形态，是经济增长的物质基础。在其他条件不变的情况下，资本投入量的增加会引起总产量和总收益的增加，从而促进经济增长。同样，由于边际资本递减规律的作用，资本投入量也不能无限制地增加，只有当资本的边际产量大于等于零时，资本投入量的增加才会促进经济增长。

（3）自然资源的投入量。

自然资源主要包括矿产资源、土地资源、水资源、生物资源和森林资源等。在其他条件不变的情况下，自然资源投入量的增加会引起总产量和总收益的增加，从而促进经济增长。但是，自然资源的投入量不能无限制地增加。自然资源特别是不可再生资源，如果肆意增加，未来将会抑制经济增长。

2.要素生产率

要素生产率即生产要素的使用效率，是指单位投入量的产出量。影响要素生产率的因素主要有劳动者素质、社会分工、经济规模、经济结构调整和科技进步在生产中的应用。

（1）劳动者素质。

一个社会或国家的劳动者的平均熟练程度，标志着劳动者的素质。如果劳动者的素质较高，其熟练程度就高，劳动生产率就高，从而促进经济增长；相反，劳动者的素质较低，就会成为制约经济增长的因素。

（2）社会分工和经济规模。

经济规模能够促进专业化的分工，专业化的分工能够提高劳动生产率，节约物资消耗，提高经济效益，促进经济增长。

（3）经济结构调整。

经济结构调整是影响经济增长的重要因素。要适时推动经济结构调整，使生产要素从生产效率低的部门或地区向生产效率高的部门或地区转移，提高产出水平，促进经济增长；否则，大量的资源滞留在供过于求的衰退产业中，必然引起经济增长率下降。

（4）科技进步在生产中的应用。

科技进步是促进经济增长的直接因素。在相同的人、财、物条件下，如果科技先进，能够有效开发利用人、财、物等资源，可促进经济高速增长；否则，虽有良好的人、财、物等资源，由于科技落后，不能有效开发利用，甚至滥用、浪费和破坏资源，将会抑制经济增长。

（三）经济增长方式

经济增长方式是指实现经济增长的不同要素的组合形式，以及各种要素组合起来推动经济增长的方式，即实现经济增长所依赖的增长源泉的构成及路径选择。

经济增长方式依据影响经济增长的因素的不同，主要分为两种类型：一是粗放型经济增长方式；二是集约型经济增长方式。

粗放型经济增长方式是指在生产要素质量、结构、使用效率和技术水平不变的情况下，单纯依靠生产要素投入量的扩张来实现经济增长的方式。它是一种数量扩张型的经济增长方式。

集约型经济增长方式是指主要依靠生产要素的优化和组合，通过提高生产要素的质量和使用效率来实现经济增长的方式。它是一种质量效益型的经济增长方式。

一个国家或地区在一定时期内采取什么样的经济增长方式是由该国资源禀赋状况、经济发展阶段、经济体制等因素综合作用的结果。当然，在经济发展过程中，粗放型经济增长方式和集约型经济增长方式并不是截然对立的，二者相互依赖、相互联系。粗放型经济增长方式是集约型经济增长方式的基础和前提，集约型经济增长方式是粗放型经济增长方式的发展和提高。在粗放型经济增长中往往伴随着集约型经济增长，在集约型经济增长中也必然伴随着粗放型经济增长。一般说来，在经济发展的较低阶段，主要采用粗放型经济增长方式；在经济发展的较高阶段，主要采取集约型经济增长方式。从世界各国经济发展进程看，由以粗放型经济增长方式为主逐渐转向以集约型经济增长方式为主，是所有发达国家走过的共同道路，也是经济增长方式转变的一般规律。

经济增长方式的转变是指经济增长从主要依靠生产要素的数量扩张向主要通过提高生产要素生产率来实现经济增长，即经济增长方式由粗放型向集约型转变。

中华人民共和国成立初期，国家选择的是粗放型经济增长方式，对于国民经济的恢复和社会主义经济制度的建立起到了非常重要的作用。但是，随着经济的发展，粗放型经济增长方式的弊端日益明显，要求尽快转变经济增长方式，提高经济增长的质量和效益。

二、经济发展

（一）经济发展的含义及衡量指标

经济发展是指一个国家或地区随着经济增长而出现的经济、社会和政治的整体演进和改善。具体说，经济发展包括三个方面：

一是经济数量的增长，即一个国家或地区产品和服务通过增加投入或提高效率获得更多的产出，构成经济发展的物质基础；

二是经济结构的优化，即一个国家或地区投入结构、产出结构、分配结构、消费结构以及人口结构等各种结构的协调和优化，是经济发展的必然环节；

三是经济质量的提高，即一个国家或地区经济效益、社会和个人福利、居民实际生活质量、经济稳定程度、自然生态环境改善程度以及政治、文化和人的现代化，是经济发展的标志。

一个国家或地区的经济发展状况或水平，是通过相应的指标来衡量的。联合国社会发展研究所用16项指标来衡量一个国家的经济发展：①居民出生时的预期寿命；②20 000人以上地区人口占国家总人口的百分比；③人均每日消费的动物蛋白质；④中小学注册入学人数；⑤职业教育入学比例；⑥每一居室平均居住人数；⑦每千人中读报人数；⑧从事经济活动人口中使用电、水、煤气等的百分比；⑨每个男性农业工人的农业产量；⑩农业成年男性劳动力的百分比；⑪人均消费电力的千瓦数；⑫人均消费钢的千克数；⑬人均消费能源数；⑭制造业在国内生产总值中的百分比；⑮人均对外贸易额；⑯工薪收入者占整个经济活动人口的百分比。

（二）经济发展与经济增长的关系

经济发展与经济增长既有区别又有联系。

两者的区别表现在：

从内涵上看，经济增长主要指由投入变化导致产出数量的增加，偏重于数量的概念；经济发展除了包括经济增长外，还包括随着经济增长而出现的经济、政治和社会等方面的演进，是一个既包括数量又包括质量的概念，在质和量的统一中更注重经济质量。

从衡量的指标看，经济增长采用GDP总量、GDP增长率和人均GDP单一指标衡量；经济发展需要用能反映其变化的综合指标来衡量。

转变经济增长方式，就是从粗放型增长方式转变为集约型增长方式；转变经济发展方式，则是指经济发展要在转向集约型经济增长方式的基础上，逐步实现包括产业结构优化升级、节约能源和资源、保护和改善生态环境、促进收入分配合理公平、提高生活水平和生活质量等在内的经济发展总体方式的转型。

两者的联系表现在：

（1）经济发展包含经济增长。经济增长是经济发展的手段，经济发展是经济增长的目的；

（2）经济增长是经济发展的基础，是促成经济发展的基本动力和物质保障，经济发展是经济增长的结果。虽然在个别条件下有时会出现有增长无发展或无增长有发展的情况，但一般而言，没有经济增长就不会有持续的积极发展。

（三）经济发展方式

改革开放不久，在总结以往经济建设经验教训的基础上，党和国家就提出要真正从我国实际情况出发，走出一条速度比较实在、经济效益比较好、人民可以得到更多实惠的新路子。

党的十三大明确提出，要坚定不移地贯彻执行注重效益、提高质量、协调发展、稳定增长的战略，从以粗放经营为主逐步转上以集约经营为主的轨道。

1995年，党的十四届五中全会通过《中共中央关于制定国民经济和社会发展“九五”计划和2010年远景目标的建议》，进一步把经济增长方式从粗放型向集约型转变作为具有全局意义的两个根本性转变之一，强调要把提高经济效益作为经济工作的中心，向结构优化、规模经济、科技进步、科学管理要效益。

党的十六届三中全会把科学发展观作为指导21世纪国民经济和社会发展的重大战略思想。

2007年，胡锦涛总书记在中央党校省部级干部进修班发表重要讲话，第一次提出实现国民经济又好又快发展的两个关键之一是转变经济发展方式。

2007年10月，党的十七大报告面向夺取全面建设小康社会新胜利，明确提出，实现未来经济发展目标，关键要在加快转变经济发展方式、完善社会主义市场经济体制方面取得重大进展，并对加快转变经济发展方式做出重大战略部署。

党的十八大报告再次提出，要加快完善社会主义市场经济体制和加快转变经济发展方式。这说明，我国面临转变经济发展方式的迫切压力。

十八届三中全会提出全面深化改革，十八届四中全会提出要依法治国，这些都是为了更好地实现经济增长方式转变。全面深化改革本身就是剔除阻碍经济增长方式转变的体制性因素，依法治国是使得经济增长方式转变的过程有章可循，从而使之更加有秩序和有效率。

十八届五中全会主要议题是讨论通过国民经济和社会发展第十三个五年规划，“十三五”规划的中心也是经济增长方式转变，并且提出要用创新、协同、绿色、开放、共享五大新发展理念来推动经济增长方式的转变。

党的十九大提出，我国经济已由高速增长阶段转向高质量发展阶段，正处在转变发展方式、优化经济结构、转换增长动力的攻关期，建设现代化经济体系是跨越关口的迫切要求和我国发展的战略目标。

经济发展方式的转变是指经济发展要在转向集约型经济增长方式的基础上，逐步实现包括产业结构优化升级、节约能源资源、保护和改善生态环境、促进收入分配合理公平、提高生活水平和生活质量等在内的经济发展总体方式的转型。

1.加快经济发展方式转变的重要性和紧迫性

（1）我国适应全球需求结构重大变化的必然要求。

国际金融危机以后，世界经济进入相对低速增长期，必将对全球经济的需求、生产结构及贸易结构进行调整。世界经济的调整必然对我国经济发展提出更高的要求。只有加快经济发展方式转变，才能保证我国保持适度、稳定、持续的经济增长，充分发挥我国自身优势，提高经济增长的质量和效益。

（2）提高我国应对国际风险能力的必然要求。

国际金融危机对我国经济社会发展产生的严重影响，表面上是对经济增长速度的冲击，而实际上是对原有落后的经济发展方式的冲击，凸显了我国经济发展方式落后的矛盾和问题。为不断提高应对国际风险的能力，为长期的经济稳定增长创造更多的机会和动力，促进更长时间、更高水平、更好质量的发展，必须加快经济发展方式转变。

（3）提高可持续发展能力的必然要求。

中国既是资源总量大国，又是人均资源短缺的国家。人均资源少、利用率低下、资源消耗程度高是制约我国经济发展的瓶颈。要缓解乃至解决21世纪我国持续增长和发展中的资源瓶颈制约，提高资源利用效率，实现资源的低投入、低消耗、高利用、高效率，建设资源节约型国民经济体系，必须加快经济发展方式转变。

（4）缓解我国生态环境恶化压力的必然要求。

随着我国经济社会的快速发展，生态环境与发展的矛盾日益突出，环境污染、生态恶化相当严重。在21世纪的发展中，改善生态环境，增强可持续发展的能力，统筹人与自然和谐发展，实现经济社会发展与生态环境的相互适应、相互协调，必须加快经济发展方式转变。

（5）争创国际竞争新优势的必然要求。

改革开放以来，我国参与国际竞争主要依靠的是传统优势。随着经济发展的推进，传统的竞争优势逐渐弱化。知识创新、技术创新、制度创新、管理创新逐渐成为推动经济社会发展的引领力量，我国要在经济全球化条件下和后国际金融危机时期参与国际经济合作，在竞争中抢占制高点，争创新优势，必须加快转变经济发展方式。

2.加快转变经济发展方式的重要内容

党的十七大报告就加快经济发展方式转变重点工作提出八点意见。第一，加快推进经济结构调整；第二，加快推进产业结构调整；第三，加快推进自主创新；第四，加快推进农业发展方式转变；第五，加快推进生态文明建设；第六，加快推进经济社会协调发展；第七，加快发展文化产业；第八，加快推进对外经济发展方式转变。

党的十八大报告指出，加快形成新的经济发展方式，把推动发展的立足点转到提高质量和效益上来，就是要着力激发各类市场主体发展的新活力，着力增强创新驱动发展的新动力，着力构建现代产业发展的新体系，着力培育开放型经济发展的新优势。这四个“着力”、四个“新”不仅指明了新的经济发展方式的基本内容，也进一步明确了不断增强我国长期发展后劲的路径。加快经济发展方式转变，既是一场攻坚战，也是一场持久战，必须通过坚定不移深化改革来推动。要坚持社会主义市场经济的改革方向，提高改革决策的科学性，增强改革措施的协调性，深化经济体制、政治体制、文化体制、社会体制以及其他各方面的体制改革，努力在重要领域和关键环节实现改革的新突破，着力构建充满活力、富有效率、更加开放、有利于科学发展的体制，形成有利于加快经济发展方式转变的制度安排，推动全国上下齐心协力加快经济发展方式转变，努力促进经济社会又好又快发展。

党的十九大报告指出：必须坚持质量第一、效益优先，以供给侧结构性改革为主线，推动经济发展质量变革、效率变革、动力变革，提高全要素生产率，着力加快建设实体经济、科技创新、现代金融、人力资源协同发展的产业体系，着力构建市场机制有效、微观主体有活力、宏观调控有度的经济体制，不断增强我国经济创新力和竞争力。

3.加快转变经济发展方式的战略选择

（1）把全面深化经济体制改革作为加快转变经济发展方式的关键。

经济体制改革的核心问题是处理好政府和市场的关系，必须更加尊重市场规律，更好发挥政府作用。要毫不动摇巩固和发展公有制经济，推行公有制多种实现形式，推动国有资本更多投向关系国家安全和国民经济命脉的重要行业和关键领域，不断增强国有经济活力、控制力、影响力。毫不动摇鼓励、支持、引导非公有制经济发展，保证各种所有制经济依法平等使用生产要素、公平参与市场竞争、同等受到法律保护。健全现代市场体系，加快改革财税体制，深化金融体制改革，完善金融监管，推进金融创新，维护金融稳定。

（2）将创新驱动发展作为转变经济发展方式的战略支撑，摆在国家发展全局的核心位置。

要坚持走中国特色自主创新道路，以全球视野谋划和推动创新，提高原始创新、集成创新和引进消化吸收再创新能力，更加注重协同创新。深化科技体制改革，加快建设国家创新体系，着力构建以企业为主体、以市场为导向、产学研相结合的技术创新体系。完善知识创新体系，实施国家科技重大专项，实施知识产权战略，把全社会智慧和力量凝聚到创新发展上来。

（3）将推进经济结构战略性调整作为加快转变经济发展方式的主攻方向。

必须以改善需求结构、优化产业结构、促进区域协调发展、推进城镇化为重点，着力解决制约经济持续、健康发展的重大结构性问题；加快建立扩大消费需求长效机制，扩大国内市场规模；牢牢把握发展实体经济这一坚实基础，实行更加有利于实体经济发展的政策措施，推动战略性新兴产业、先进制造业健康发展，加快传统产业转型升级，推动服务业特别是现代服务业发展壮大，支持小微企业特别是科技型小微企业发展；继续实施区域发展总体战略，充分发挥各地区的比较优势，加大对革命老区、民族地区、边疆地区、贫困地区的扶持力度；加快改革户籍制度，有序推进农业转移人口市民化，努力实现城镇基本公共服务常住人口全覆盖。

（4）推动城乡发展一体化是实现转变经济发展方式的根本途径。

要加大统筹城乡发展力度，促进城乡共同繁荣；加大强农、惠农、富农政策的力度，让广大农民平等参与现代化进程、共同分享现代化成果；加快发展现代农业，增强农业综合生产能力，确保国家粮食安全和重要农产品有效供给；深入推进新农村建设和扶贫开发，全面改善农村生产、生活条件；着力促进农民增收，保持农民收入持续、较快增长；坚持和完善农村基本经营制度，构建集约化、专业化、组织化、社会化相结合的新型农业经营体系；改革征地制度，提高农民在土地增值收益中的分配比例；加快完善城乡发展一体化体制，促进城乡要素平等交换和公共资源均衡配置，形成以工促农、以城带乡、工农互惠、城乡一体的新型工农、城乡关系。

（5）全面提高开放型经济水平。

适应经济全球化，必须实行更加积极主动的开放战略，完善互利共赢、多元平衡、安全高效的开放型经济体系；要加快转变对外经济发展方式，推动开放朝着优化结构、拓展深度、提高效益方向转变；创新开放模式，坚持出口和进口并重，提高利用外资综合优势和总体效益，加快“走出去”步伐，统筹双边、多边、区域、次区域开放合作，提高抵御国际经济风险的能力。

我们一定要坚定信心，通过“一带一路”倡议，开拓中国在世界上的更广阔发展空间。2014年亚太经合组织第22次领导人非正式会议在北京成功举办，习近平主席在大会上介绍了我国的“一带一路”倡议，得到各国领导人的积极响应。我国和“一带一路”沿线国家、周边国家以及其他国家成功开展了国际基础设施建设合作，创建了亚洲基础设施建设银行、丝路基金以及南南合作基金等，这是中国“一带一路”倡议深得人心的集中体现，是符合沿线国家需求的共赢共享的开放式发展。通过大周边外交和主场外交，中国已经通过世界有影响力的国际组织同绝大多数国家建立了友好的国际关系，这是中国对外开放的前提和条件，是中国发展开放型经济的坚实基础。

第二节　经济结构优化

一、产业经济结构

（一）产业经济结构的含义及分类

产业是按社会分工而从事物质产品生产或提供服务的一切经济活动群体的总称。产业经济结构是指国民经济中各产业之间的比例关系和结合状况。

产业经济结构通常有以下几种类型：

1.两大部类结构

这是从社会再生产的实现条件出发来划分的。根据各类物质产品在社会再生产过程中实现的不同，把社会生产划分为生产资料生产和消费资料生产两大部类。

2.三次产业划分

这种分类法是根据社会生产活动历史发展的顺序对产业经济结构的划

分。产品直接取自自然界的部门被称为第一产业，对初级产品进行再加工的部门被称为第二产业，为生产和消费提供各种服务的部门被称为第三产业。这种分类方法成为世界上较为通用的产业经济结构分类方法。

基于《国民经济行业分类》(GB/T 4754-2017)，中国国家统计局印发的《三次产业划分规定》(2018年修订版）指出了我国三次产业的划分范围：

第一产业，是指农、林、牧、渔业。

第二产业，是指采矿业，制造业，电力、热力、燃气及水生产和供应业，建筑业。

第三产业即服务业，是指除第一产业、第二产业以外的其他行业。第三产业包括：农、林、牧、渔专业及辅助性活动，开采专业及辅助性活动，批发和零售业，交通运输、仓储和邮政业，住宿和餐饮业，信息传输、软件和信息技术服务业，金融业，房地产业，租赁和商务服务业，科学研究和技术服务业，水利、环境和公共设施管理业，居民服务、修理和其他服务业，教育，卫生和社会工作，文化、体育和娱乐业，公共管理、社会保障和社会组织，国际组织。

3.按资源密集程度分类的产业经济结构

根据劳动力、资本和技术三种生产要素在各产业中的相对密集度，把产业划分为劳动密集型、资本密集型和技术密集型产业。

（二）产业经济结构优化及衡量标准

产业经济结构优化是指推动产业经济结构合理化和产业经济结构高级化发展的过程，是实现产业经济结构与资源供给结构、技术结构、需求结构相适应的状态。也就是说，在较长时期内，由农业向工业，由第一、二、三产业向第三、二、一产业，由以资源、劳动、资本密集型为主导向以智力、知识、技术密集型为主导转变；在同一产业内部由粗加工、浅加工向精加工、深加工转化，由附加值低的产业向附加值高的产业转化。

产业经济结构优化的实质是产业经济结构合理化。

产业经济结构合理化是指为提高经济效益，要求在一定的经济发展阶段上，根据科学技术水平、消费需求结构、人口基本素质和资源条件，对起初不合理的产业经济结构进行调整，实现生产要素的合理配置，使各产业协调发展。优先重点发展主导产业；配套发展关联产业；积极发展基础产业，特别是瓶颈产业；扶持潜导产业，保证经济系统的正常运转。

合理的产业经济结构的衡量标准是：

（1）充分利用本国的资源以及国际分工的好处，使生产要素得到最佳组合。

（2）要实现国民经济各部门的协调发展。

（3）能取得较高的整体经济效益，并能保证社会有效需求的满足。

（4）实现人口、资源、环境的良性循环。

（三）产业经济结构优化和经济发展

产业经济结构优化升级有利于促进第一、二、三产业健康、协调发展，加快转变经济发展方式，实现我国经济健康、稳定、可持续发展。在现阶段，产业经济结构优化升级对经济发展的促进作用具体表现为：

（1）巩固加强农业的基础地位，确保国家粮食安全，加快推进现代农业建设，促进第一产业由薄弱转为稳固；

（2）振兴装备制造业，大力发展高新技术产业，调整原材料工业结构，加强矿产资源勘查、开发和保护，加强能源、交通运输、水利、信息基础设施建设，促进第二产业由大变强；

（3）全面发展服务业，特别是现代服务业，促进第三产业更好、更快地发展。

十八大报告指出，目前优化产业结构的主要任务是着力构建现代产业发展新体系。促进第一、二、三产业协调发展，逐步形成以农业为基础、以工业为主导、以战略性新兴产业为先导、以基础产业为支撑、服务业全面发展的产业格局。

党的十九大报告指出："着力加快建设实体经济、科技创新、现代金融、人力资源协同发展的产业体系。""支持传统产业优化升级，加快发展现代服务业，瞄准国际标准提高水平。促进我国产业迈向全球价值链中高端，培育若干世界级先进制造业集群。加强水利、铁路、公路、水运、航空、管道、电网、信息、物流等基础设施网络建设。坚持去产能、去库存、去杠杆、降成本、补短板，优化存量资源配置，扩大优质增量供给，实现供需动态平衡。激发和保护企业家精神，鼓励更多社会主体投身创新创业。建设知识型、技能型、创新型劳动者大军，弘扬劳模精神和工匠精神，营造劳动光荣的社会风尚和精益求精的敬业风气。"深化供给侧结构性改革是产业结构改革的重点，为建设航天强国、网络强国、交通强国、数字强国、智慧强国提供有力支撑。

二、区域经济结构

区域经济是指某一特定经济区域内部的社会经济活动和多种经济要素相互关系的总和，是地域性综合经济体系。**区域经济结构**是指一国国民经济格局中不同经济区域的发展水平及在国民经济总体中所处的地位、所占的比重及相互关系。它是一国或地区经济结构的重要组成部分，可以反映不同的经济发展模式。

经济区域最常见的划分方法是根据综合发展水平和程度来划分，如经济发达地区、发展中地区、欠发达地区等。在中国转型期间形成了东部、中部和西部这种经济发展水平不同的区域。2003年中央做出“振兴东北老工业基地”的战略决策，这是经济区域划分的又一个新阶段。由此，按照综合经济发展水平不同，将我国划分为东部、中部、西部和东北地区。

东部沿海地区作为我国经济体制改革和对外开放的前沿地区，凭借国家鼓励率先发展的政策优势和濒海的地理优势，在整个经济转型期间一直处于我国经济增长与发展的领先位置，经济增长速度最快，经济发展水平最高。与之相适应，创造的就业机会最多，不仅消化了自身的就业压力，还吸收了中西部大量的劳动力，对整个国民经济的增长和发展起到了巨大作用。

中西部地区由于经济发展总体基础差，计划经济体制和传统观念的影响相对深厚，地理位置处于内陆腹地，对外交流和联系渠道较少。因此，尽管借助于改革开放的推动，这一地区的经济总量也有极大增长，但与东部沿海发达地区相比，增长速度慢得多。

当前我国地区差距的表现是:

（1）地区经济发展差距尤其是地带差距仍在扩大。东部地区经济继续保持最快的增长速度，中部地区次之，西部地区经济增长逐渐好转，东北地区增长最慢。

（2）城乡收入差距是地区间人民生活水平差距的主要组成部分。西部地区城乡差距最大，一直高于全国水平，中部地区城乡差距扩大最快，但仍低于全国平均水平。

区域经济协调发展是指在宏观调控作用下，充分利用不同区域各自的特点和优势，最大限度地发挥区域之间互补的整体优势和综合比较优势，形成参与国际分工和竞争的合力，促进社会整体健康发展，同时逐步缩小区域间的差异。

中国共产党历来高度重视区域协调发展问题。20世纪50年代，毛泽东同志就在《论十大关系》中提出要处理好沿海工业和内地工业的关系。20世纪80年代，邓小平同志提出了“两个大局”的战略构想：一个大局是沿海地区加快对外开放，较快地先发展起来，内地要顾全这个大局；另一个大局是沿海地区发展到一定时期，要拿出更多的力量帮助内地发展，沿海地区也要顾全这个大局。世纪之交，以江泽民同志为核心的党的第三代中央领导集体，与时俱进，及时做出了实施西部大开发战略的重大决策，使西部大地焕发出勃勃生机，为全国发展开辟了更为广阔的空间。党的十六大以来，以胡锦涛同志为总书记的党中央进一步明确了促进区域协调发展必须长期坚持的指导原则和奋斗目标，明确提出振兴东北地区等老工业基地和促进中部地区崛起，要求深入实施区域发展总体战略和主体功能区战略，我国的区域协调发展呈现出前所未有的崭新格局。党的十八大继续把推动区域协调发展作为我国经济社会发展的重大任务，作为党和国家工作全局的一个重要方面，摆上了突出的战略位置，标志着我们党促进区域协调发展的理论与实践上升到一个新的高度。党的十九大报告在阐述“贯彻新发展理念，建设现代化经济体系”时指出，要实施区域协调发展战略。

促进区域协调发展，是全面建成小康社会、全面建设社会主义现代化强国的重大战略任务，不仅关系到全国各族人民共享改革发展成果、逐步实现共同富裕，而且关系到国家长治久安和中华民族伟大复兴，具有重大的现实意义和深远的历史意义。

党的十九大报告提出：加大力度支持革命老区、民族地区、边疆地区、贫困地区加快发展，强化举措推进西部大开发形成新格局，深化改革加快东北等老工业基地振兴，发挥优势推动中部地区崛起，创新引领率先实现东部地区优化发展，建立更加有效的区域协调发展新机制。以城市群为主体构建大中小城市和小城镇协调发展的城镇格局，加快农业转移人口市民化。支持资源型地区经济转型发展。

1.坚持把深入实施西部大开发战略放在区域发展总体战略的优先位置

以增强自我发展能力为主线，以改善民生为核心，以科技进步和人才开发为支撑，更加注重基础设施建设、生态环境保护、经济结构调整和自主创新，更加注重社会事业发展，努力建设经济繁荣、社会进步、生活安定、民族团结、山川秀美的西部地区。

2.全面振兴东北地区等老工业基地

采取切实有效的政策措施，大力推进东北等老工业基地调整改造，加快建立和完善现代产业体系，强化资源节约和生态环境保护，进一步推进老工业基地改革开放和自主创新，切实促进社会发展和解决民生问题，使老工业基地焕发出新的生机和活力。

3.大力促进中部地区崛起

发挥中部地区承东启西的区位优势、综合资源优势，以及工业基础、科技实力的比较优势，更加注重转型、创新、协调、可持续与和谐发展，稳步提升中部地区作为全国粮食生产基地、能源原材料基地、现代装备制造及高技术产业基地、综合交通运输枢纽的地位，不断增强发展的整体实力和竞争力，努力实现中部地区全面崛起，在支撑全国发展大局中发挥更大的作用。

4.积极支持东部地区率先发展

发挥东部地区对全国经济发展的重要引领和支撑作用，在更高层次参与国际合作和竞争，着力提高科技创新能力，培育产业竞争新优势，推进体制创新，提升开放型经济水平，加快城乡发展一体化步伐，加强生态文明建设，在率先发展中探索道路、积累经验，为其他地区提供示范和借鉴。

5.加大对革命老区、民族地区、边疆地区、贫困地区的扶持力度

进一步加大财政转移支付和政策扶持力度，加快脱贫致富步伐，基本消除绝对贫困现象，提高教育、卫生、文化、社会保障等公共服务水平，加快改善老少边穷地区的生产和生活条件。

三、二元经济结构

二元经济结构是指发展中国家现代化的工业和技术落后的传统农业并存的经济结构。我国是世界上最大的发展中国家，根据二元结构理论和我国的实际情况，我国的二元经济结构是以社会化生产为主要特点的城市经济和以小生产为主要特点的农村经济并存的城乡二元经济结构。

城乡二元经济结构对我国经济发展的危害是：

（1）城乡二元经济结构造成了城乡贫富差距扩大、地区发展不平衡，影响和制约我国国民经济及现代化发展。

（2）城乡二元经济结构使农产品市场难以扩张，农业生产难以持续增长，农民收入的增加受到严重影响。

（3）城乡二元经济结构阻碍了资金、市场、技术、劳动力等生产要素在城乡之间的流动，影响整个国民经济的协调发展。

（4）城乡二元经济结构造成了城市居民与农村居民受教育机会的不平等。受教育机会的不平等造成了就业机会的不平等，而就业机会的不平等又造成了收入的不平等。

解决城乡二元经济结构的根本出路是通过对农业结构进行战略性调整，繁荣农村经济，在发展农村经济的基础上走农村城市化道路；通过逐步减少农村人口，转移农村剩余劳动力，增加城镇人口，实现城乡良性互动；通过转变经济增长方式，提高劳动生产率，优化第一产业结构，促进第二、三产业的发展，从而提高农村整体的经济效益和社会效益。

第三节　经济全球化与对外开放

中共中央政治局于2015年10月12日就全球治理格局和全球治理体制进行第二十七次集体学习。中共中央总书记习近平在主持学习时强调，我们参与全球治理的根本目的，就是服从、服务于实现“两个一百年”奋斗目标，实现中华民族伟大复兴的中国梦。要审时度势，努力抓住机遇，妥善应对挑战，统筹国内、国际两个大局，推动全球治理体制向着更加公正合理的方向发展，为我国发展和世界和平创造更加有利的条件。我们要利用经济全球化，积极参与全球治理，使得全球治理向着有利于我国对外开放的方向发展，向着公平、正义、共赢的方向发展，通过积极参与全球经济治理，来促进中国的对外开放程度和全面发展质量。十九大报告指出，推动形成全面开放新格局。我们要以“一带一路”为主要抓手，切实促进开放发展迈上新台阶。

一、经济全球化发展

（一）经济全球化是世界经济发展的必然趋势

经济全球化是指随着科学技术和国际分工的发展以及生产社会化程度的提高，世界各国、各地区的经济活动超越一国或地区的范围而相互联系和密切结合的趋势。

经济全球化是从近代开始的，它是在经济国际化的基础上形成的。19世纪末以前，随着世界市场的形成和国际贸易的开展，社会进入了商品国际化时期。19世纪末至20世纪初，资本输出成为帝国主义的重要特征，进入资本国际化时期。第二次世界大战以后，随着科学技术和生产力迅速发展，经济国际化趋势加强，跨国公司迅速发展，进入生产国际化时期。20世纪80年代以后，市场经济在世界范围内获得了新的发展，社会主义国家开始彻底打破计划经济体制，向市场经济全面过渡，加速了与国际市场接轨，使世界市场得到尽可能的扩张。随着信息技术的飞速进步、计算机网络的出现，经济信息以前所未有的速度传播到世界各地，从而使生产的全球化、交换的全球化以及各种资源配置的全球化成为世界经济发展的必然趋势。

（二）经济全球化的表现

经济全球化主要表现在贸易全球化、金融全球化和生产全球化。

贸易全球化就是规模越来越大的商品交换超过了民族、国家的地域，通过国际市场来实现。金融全球化是指世界各国和地区放松金融管制、开放市场业务、放开资本项目管制，使资本在全球各地区、各国的金融市场上自由流动，最终形成全球统一的金融市场和统一货币体系的趋势。生产全球化是指由国内生产过程转变为国际性生产过程，体现在某个国家的某个企业只是生产某一零件或某一道工序，最终产品成为世界性产品。

（三）经济全球化的双重效应

1.经济全球化的积极作用

（1）促进了世界经济的增长。

经济全球化的加快发展，促进了世界多边贸易体制的形成，增强了国际贸易对世界经济的拉动作用。发达国家利用投资自由化实现了利益最大化，发展中国家利用经济开放，能够更多地吸纳宝贵的资金，获得先进技术、管理经验、市场、资源和其他有利条件，推动世界经济发展。

（2）优化产业结构。

经济全球化不仅刺激发达国家产业结构升级换代，而且能带动发展中国家的产业结构调整。

（3）促进科学技术发展。

为了在激烈的竞争中求得生存，必须大力提高劳动生产率。劳动生产率的提高主要靠教育与科学技术，从而促进了科学技术的进一步发展。

2.经济全球化的消极作用

（1）国际资本无序流动极易引发地区甚至全球金融危机。

国际金融市场的急剧扩大、金融创新工具的增多，使局部的金融危机很容易蔓延，以致引发全球经济动荡。

（2）拉大了发达国家与发展中国家的差距，加剧了世界经济发展的不平衡。

发达国家把劳动和资源密集型的产业向发展中国家转移，尽管给发展中国家产业发展带来一定机遇，同时会带来自然环境污染、生态平衡破坏、资源浪费的严重后果。在国际产业调整中，发展中国家产业结构与发达国家相比，差距更加明显，加剧了世界经济发展的不平衡。

面对经济全球化，我国应当积极审慎参与，充分利用这一历史机遇，迅速发展自己，壮大自己，提高国际竞争力，努力缩小与发达国家的距离。面对全球化的挑战，既要顺应潮流，又要循序渐进，趋利避害，防范风险，努力减少负面影响。

二、对外开放

（一）对外贸易与利用外资

1.对外贸易

对外贸易是指一个国家或地区同其他国家或地区之间的商品交换关系，包括进口和出口两个方面。

对外贸易在我国国民经济中的作用是：

（1）通过进口我国稀缺的商品，调节国民经济发展中出现的不平衡，促进国民经济按比例发展。

（2）通过引进先进技术，促进国内生产技术水平的提高，加快工业化和现代化的进程。

（3）通过出口增加外汇收入，为发展对外经济关系和社会主义建设提供重要的物质条件。

（4）通过出口扩大国际市场，促进我国经济发展，增加就业机会。

（5）通过对外贸易参加国际竞争，推动企业改善经营管理，改进产品质量，提高经济效益。

对外贸易中我国必须坚持的原则是：

（1）维护国家主权，抵制外国歧视和控制。

（2）坚持平等互利的原则，反对任何国家利用贸易谋求政治和经济特权。

（3）互相尊重对方的主权和愿望，遵守合同，严守信用，承担责任。

十九大报告指出，要以"一带一路"建设为重点，坚持引进来和走出去并重，遵循共商共建共享原则，加强创新能力开放合作，形成陆海内外联动、东西双向互济的开放格局。拓展对外贸易，培养贸易新业态，推进贸易强国。

为了更好地促进对外贸易发展，中国不断探索建设自由贸易区和自由贸易港。到2017年年底，中国已在上海、广东、福建、天津、河南、四川、重庆、陕西、辽宁、湖北、浙江建成11个自由贸易试验区。十九大报告还提出要探索建立自由贸易港。2018年4月13日，习近平在庆祝海南建省办经济特区30周年大会上郑重宣布设立海南自由贸易港。

2.利用外资

外资即境外投资者对东道国提供的资本，包括外国直接利用外资和间接利用外资。**直接利用外资**就是通过在国内设立独资企业、合资企业、合作企业、补偿贸易、国际租赁以及跨国并购等多种形式来吸收国外直接投资。**间接利用外资**就是通过政府贷款、国际资金市场贷款（商业银行贷款）、国际金融组织贷款、出口信贷、发行债券等方式借用国外资本。

利用外资的成效是：

第一，弥补了国内建设资金的不足。

第二，促进了技术进步，提高了我国工业技术的整体水平，缩小了与世界先进技术水平的差距，为工农业快速发展奠定了基础。

第三，引进了管理经验，使我们的管理思想发生深刻变化，管理水平大为提高。

第四，促进了外向型经济发展，大大加强了我国与世界经济的联系，促进了我国经济的开放程度。

第五，利用外资创造了大量就业机会，缓解了我国就业压力。

利用外资过程中存在的问题是：

第一，利用外资的产业结构还不够合理。

第二，核心技术数量少、技术含量低。

第三，外商投资的区域布局还需要调整。

第四，吸引外商投资的方式还比较单一。

利用外资的原则是：

第一，必须维护国家主权和民族利益，拒绝一切不平等和奴役性的条件；

第二，从我国实际出发，量力而行；

第三，要充分发挥外资的作用，保证重点建设；

第四，把利用外资与促进我国产业结构调整、我国区域经济发展结合起来。

3.对外贸易与利用外资的关系

（1）发展对外贸易可以带动利用外资的增长。

因为外商投资企业中的外方，大多是在与国内企业进行贸易的过程中，通过互相了解，在建立了良好的合作关系基础上投资办企业的。

（2）外资特别是直接利用外资，能促进我国对外贸易的发展。

利用外资可以提高产品在国际市场上的竞争力，促进出口创汇；引进外资特别是大型跨国公司的进入，使我国加工贸易中的产品档次与技术档次较以往的加工贸易产品要高得多，推动了我国加工贸易结构的升级；大多数外商投资企业并不是单纯地投入资金，而是辅之以先进技术、设备的输入，从而势必要发生进口业务，必然会带动进口原设备的零部件、配套件和原材料等进口业务的发展。

（二）对外开放与发展民族经济

1.民族经济

民族经济是个历史范畴，在不同国家、不同时期，其内涵和外延会有很大不同。在现阶段，我国的民族经济的范畴不仅包括由本地人出资发展的企业，而且包括全体炎黄子孙，如我国香港、澳门、台湾同胞以及海外华人等出资兴办的企业。民族经济不再仅是以本国人的资本创办的盲目排外的企业，而是体现整个民族的整体经济能力和经济水平。

2.改革开放为民族经济发展带来机遇

（1）加快民族经济发展速度。

我国民族经济由于历史的原因一直处于低水平状态。改革开放以来，利用外资，引进、消化吸收先进技术和管理经验，使我国民族经济在一个高起点上发展，缩小了与发达国家的差距。

（2）促进对传统企业的现代化改造和产业结构升级。

我国民族经济具有现代产业部门和传统产业部门并存的二元特征。改革开放以来，通过与外商的合资、合作，引进、开发新技术，成功地对一些传统产业和企业进行了现代化改造，很多老企业成为我国高新技术产业发展的增长点。

（3）提高了国际竞争力。

改革开放以后，技术先进、管理科学的外资企业进入我国，对国内的民族经济形成竞争压力，同时激发了民族经济的活力，增强了国际竞争意识，提高了国际竞争能力。

3.改革开放给民族经济发展带来挑战

中国作为发展中国家，拥有一些具有潜在发展前途的产业，但这些产业正处在创立、幼小或成长期，竞争力弱。改革开放后，吸引外商投资，一些重要产业被控制，同类商品的国内市场被抢占，对我国幼稚产业成长形成冲击和威胁。外资利用政策上的优惠和竞争上的优势，排挤、吞并民族品牌，使其市场占有率降低甚至退出市场。

4.正确处理对外开放与发展民族经济的关系

实行对外开放，引进外资，目的是发展民族经济，而不是替代民族经济。在积极、合理、有效地利用外资的同时，对民族经济要给予必要的、合理的保护和扶持。既不能因为引进外资过程中出现了一些问题就拒外资于国门之外，也不能为了利用外资就敞开国门而不加防范。

要逐步取消外资的优惠政策，实现国民待遇原则；禁止外商向关系国计民生的产业投资；限制外商向幼稚产业、支柱产业、战略性产业投资。

保护民族工业，并不是要保护落后的经济，而是要为国内企业制造公平的竞争环境；防止外资损害本国幼稚产业成长和危害本国经济安全；防止外资垄断国内市场；对民族经济适当扶持，逐步降低保护，直至最终取消保护。

（三）对外开放与国家经济安全

1.国家经济安全

国家经济安全是指民族国家的整体经济发展不受威胁，包括资源安全、贸易安全、金融安全、产业安全、粮食安全、食品与药品安全等，避免世界经济周期性波动的冲击以及本国经济对外开放的速度和范围等内容。[①]

改革开放以来，我国一直采取积极的对外开放政策，有力地促进了我国经济的发展。在对外开放中，我国采取了降低关税、取消关税壁垒、允许外资进入等措施。由于中国企业的竞争力不强，各种经济制度还不完善，经济体制还没理顺，可能受到外资和外国产品等来自经济甚至是思想和文化方面的冲击，特别是世界多极化和经济全球化的趋势在曲折中发展，使这些问题更加严重。中国面临发达国家经济、科技方面占优势的压力大，外贸依存度高的问题，如何维护国家安全问题日益突出。

（1）资源安全。

资源安全是指国家战略性资源安全，即国家所需的战略性资源不被外国控制的状态。国家战略性资源是社会经济发展的基础，是一个国家综合国力的重要组成部分。在未来社会发展中，谁控制了战略性资源，谁就掌握了经济发展的主动权。中国战略性资源总量大，人均少。随着经济发展，资源缺口不断扩大，对外依存度较高，这就必将会增加我国资源安全的风险。

（2）贸易安全。

贸易安全是指一个国家在对外贸易中受到来自国内外不利因素冲击时，依然能够保持比较优势或具有足够的抗衡和抵抗能力，对外贸易正常运转，不受破坏和威胁的状态。改革开放以来，对外贸易成为拉动我国经济增长的主要因素，国家贸易安全越来越受到重视。而随着我国经济的快速发展和出口的大幅增长，发达国家、发展中国家同我国的贸易摩擦越来越多，严重影响了我国的贸易安全。

（3）金融安全。

金融安全是指面对不断变化的国际、国内金融环境具备应对能力，保

---

① 唐任伍，马骥．中国经济改革30年：对外开放卷［M］．重庆：重庆大学出版社，2008：254.

持货币资金融通安全和整个金融体系稳定的状态。随着加入经济全球化，国际资本大规模流动，国际金融工具和金融技术不断创新，增加了经济不确定性和金融市场的风险，特别是国际投机资本的冲击可能引发金融体系不安全。加上金融本身的脆弱性，意味着我国防范金融风险、抵御外部冲击、维护金融安全的责任和压力增加。、

（4）产业安全。

产业安全是指使本国的支柱产业和主导产业能够按照本国的经济目标，遵循本国经济可持续发展的要求，由本国民族资本主导、控制其发展的状态。产业安全问题是由外商直接投资产生的。随着外资的增加、市场份额的扩大，一些重要产业开始被外商投资的企业所控制，并进一步挤压民族经济，使其从一些产业中退出，或者通过合资、并购的方式达到对某些重要产业的实际控制，从而动摇国家经济安全的基础。

（5）粮食安全。

粮食既是关系国计民生和国家经济安全的重要战略物资，也是人民群众最基本的生活资料。国际上将**粮食安全**定义为：确保任何人在任何地点、任何时候都能够买得到也能买得起维持生存和健康所需要的基本食品。粮食安全与社会的和谐、政治的稳定、经济的持续发展息息相关。完善粮食应急储备体系，确保粮食市场供应，最大限度地减少紧急状态时期的粮食安全风险，是政府的职责，也是粮食安全保障体系的重要组成部分。对于有13多亿人口的中国而言，粮食安全必须掌握在中国人自己手里。

（6）食品与药品安全。

食品是指经过加工后的粮食产品以及能够直接食用的动植物产品。**食品安全**是指食品没被生物性污染、物理性污染、化学性污染侵染过，而且从田间到餐桌的各个环节都卫生、健康。**药品安全**是指药品从研制到生产、加工、运输、销售等环节都卫生、健康，有明确疗效，有最小的副作用，符合国际或者国内标准。

国家战略性资源安全、贸易安全、金融安全、产业安全、粮食安全、食品与药品安全等构成了我国经济安全的主要内容。这些方面是相互联系的，任何一个方面不安全，其他方面乃至整个国家经济安全都会受到影响。经济全球化的发展已经把国家经济安全提升到关乎国家兴衰成败的战略地位，融入经济全球化，不得不关注国家经济安全。

2.维护国家经济安全的措施

（1）增强综合国力，从根本上维护我国的经济安全。

国家经济越发展，综合国力越强，抵抗风险和冲击的能力就越强。而发展经济、提高综合国力、维护国家经济安全要靠科学发展观指导。

（2）构建和维护国家经济安全的防御体系。

从国家经济安全角度提出我国改革开放中的具体方针、政策和策略，依据国内外经济形势的变化和国家经济安全所受到的损害，适时地提出防范和应对的具体措施。

（3）实施“走出去”的战略，以“进攻”的态势维护国家经济安全。

鼓励、支持企业走出去，积极参与经济全球化的竞争，积极参与新的游戏规则的制定，维护我国和广大发展中国家在经济全球化过程中的合法权益。

复习思考题

1.经济增长和经济发展有何不同？

2.如何确保中国的国家经济安全？

3.区域经济协调发展与统筹城乡发展的关系如何？

4.中国在对外开放中如何加强国家安全？

5.如何理解“一带一路”与开放发展之间的关系？

↘主要参考文献

[1] 马克思，恩格斯．马克思恩格斯选集：第1卷［M］．中共中央马克思恩格斯列宁斯大林著作编译局，译．北京：人民出版社，1995.

[2] 马克思，恩格斯．马克思恩格斯选集：第2卷［M］．中共中央马克思恩格斯列宁斯大林著作编译局，译．北京：人民出版社，1995.

[3] 马克思，恩格斯．马克思恩格斯选集：第3卷［M］．中共中央马克思恩格斯列宁斯大林著作编译局，译．北京：人民出版社，1995.

[4] 马克思，恩格斯．马克思恩格斯全集：第23卷［M］．中共中央马克思恩格斯列宁斯大林著作编译局，译．北京：人民出版社，1972.

[5] 马克思，恩格斯．马克思恩格斯全集：第24卷［M］．中共中央马克思恩格斯列宁斯大林著作编译局，译．北京：人民出版社，1972.

[6] 马克思，恩格斯．马克思恩格斯全集：第25卷［M］．中共中央马克思恩格斯列宁斯大林著作编译局，译．北京：人民出版社，1972.

[7] 马克思，恩格斯．马克思恩格斯全集：第46卷上册［M］．中共中央马克思恩格斯列宁斯大林著作编译局，译．北京：人民出版社，1972.

[8] 列宁．列宁选集：第2卷［M］．中共中央马克思恩格斯列宁斯大林著作编译局，译．北京：人民出版社，1972.

[9] 列宁．列宁全集：第37卷［M］．中共中央马克思恩格斯列宁斯大林著作编译局，译．北京：人民出版社，1986.

[10] 马克思．资本论：第1卷［M］．中共中央马克思恩格斯列宁斯大林著作编译局，译．北京：人民出版社，2004.

[11] 邓小平．邓小平文选：第2卷［M］．北京：人民出版社，1994.

[12] 邓小平．邓小平文选：第3卷［M］．北京：人民出版社，1994.

[13] 习近平．习近平谈治国理政［M］．北京：外文出版社，2014.

［14］习近平．习近平谈治国理政：第2卷［M］．北京：外文出版社，2017．

［15］习近平．决胜全面建成小康社会　夺取新时代中国特色社会主义伟大胜利［M］．北京：人民出版社，2017．

［16］宋涛．政治经济学教程［M］．北京：中国人民大学出版社，2008．

［17］张维达．政治经济学［M］．北京：高等教育出版社，1998．

［18］卫兴华，林岗．马克思主义政治经济学原理［M］．北京：中国人民大学出版社，2003．

［19］吴易风．马克思主义经济学与西方经济学比较研究：第1卷［M］．北京：中国人民大学出版社，2007．

［20］程恩富，冯金华，马艳．现代政治经济学新编［M］．上海：上海财经大学出版社，2008．

［21］程恩富．现代政治经济学［M］．上海：上海财经大学出版社，2006．

［22］谢地，宋冬林．政治经济学［M］．北京：高等教育出版社，2008．

［23］逄锦聚．政治经济学热点难点争鸣［M］．北京：高等教育出版社，2004．

［24］罗润东．政治经济学［M］．北京：清华大学出版社，北京交通大学出版社，2010．

［25］张燕喜，石霞．资本论与中国经济理论热点［M］．北京：中共中央党校出版社，2008．

［26］陈恕祥．马克思主义政治经济学原理［M］．北京：高等教育出版社，1999．

［27］刘春生．政治经济学［M］．北京：中国人民大学出版社，2009．

［28］唐任伍，马骥．中国经济改革30年：对外开放卷［M］．重庆：重庆大学出版社，2008．

［29］杨干忠．政治经济学：资本主义部分［M］．北京：高等教育出版社，1999．

［30］刘美平．中国工业化进程中的城乡结构研究［M］．长春：吉林

大学出版社，2004.

[31] 刘美平．“一带一路”的理论依据与建设方略研究［M］．郑州：河南人民出版社，2016.